みんなが知りたい

アメリカ経済

田端克至 ［著］

創 成 社

はじめに

　アメリカは，世界中の人々から，常に注目を集めている。Google trends を使って，世界のトレンドを調べることができる。さっそく，最近（2004 年以降）のデータで，Japan, China, USA と国名を次々に入力し，世界の人々が関心を持つ国を比べてみた。数秒でインタレストという指標を計算し，時系列の図で表示してくれた上で，どの国の人々がアメリカに対して関心があるのか教えてくれる。

　結果を見ると，アメリカは，ほぼ常時，世界一注目度の高い国である。国別のアメリカへの関心の高さを上位国で調べると，中南米諸国，北欧，ヨーロッパと続き，アジアではパキスタン，…，韓国，中国，台湾，日本の順となる。アジア各国は，日本以上に，アメリカへ強い関心を抱いているようだ。それだけでなく，イランなどアメリカと対立する国も，そこに暮らす人々は，日本以上にアメリカに関心を向けている。

　アメリカへの関心が強い理由の一つは，アメリカの変化が，やがて，近未来の大変動を示唆する前兆になっているからであろう。アメリカは，テロ，移民，AI，貿易戦争の激化，格差，性差別，仮想通貨による金融取引の変質，などさまざまな課題に直面している。これらは，現代社会が直面する課題で，アメリカ固有の課題ということではない。しかし，どの国よりも早く，これらの問題に直面している国なのである。

　ともかく，世界中の人々は皆，アメリカを知りたがっている。私は，愛知大学で約 5 年間アメリカ経済を教えてきた（うち 3 年間は集中講義）。その経験でも，アメリカへの若者の関心は，スポーツ，音楽などジャンルを問わず，かなり強いようである。

　本書は，そうした日ごろの若者の反応を観察しながら，5 年間の講義

やアメリカでの実地調査をもとに，トピックを選び議論を整理したものである。

　本書の内容は，予備知識ゼロから始まるのだから，高いレベルには達しないと思われる読者がいるかもしれない。しかし，そうでもない。実践に使えるレベルにまで，知識や問題意識を高めることができる。この点は保証する。

　さて，本書の使い方である。一般の読者は，それぞれの事情に応じて，どの章からでもお好きな所から読み始めて欲しい。読者へのお勧めの選択肢としては，第1章か，第4章か，いずれかから読み始めることである。特に，金融に関心がある読者は，第9章からでも良いであろう。

　本書は，半期（15回）の授業をイメージして作成している。実際に第1章から丁寧に解説すると，半期15回の授業に収めるのは難しい。私の場合，受講対象者が経済学の初学者なので，第1章〜第3章までは1章ずつ，第4章からは各章を2回程度で解説する。金融は，思い切って割愛している。過去に，試験的に第4章から始め，最後の金融については，問題提起をする程度で終えたことがある。

　なお，本書で利用する練習問題や図表の更新などは，
　https://aidai-tabata.com（PW：194USA）
からダウンロードすることができる。

　最後に，本書の出版にあたっては，創成社の塚田尚寛社長，出版部の西田徹氏には，お世話になった。両氏には長年お付き合い頂き，この紙面をもって改めてお礼を申し上げる。本書は，両親，特に，亡父に捧げる。そして，妻由美子のお陰で穏やかな家庭が保たれていることを，心から感謝している。

　2020年5月

田端克至

目　　次

第 *1* 章

イントロダクション： 巨大国家アメリカ

1.1 アメリカという国

　アメリカという国の基本をおさえるとしよう。人口は中国（13億8千万人），インド（13億人）に次ぐ世界3位の3億27百万人，インドネシア，ブラジルよりも多い。国土面積は，ロシア，カナダ，中国に次ぐ世界4位，人口密度は高くない（世界で140位程度），と言われてもイメージしにくい。例えば，首都ワシントンとロサンゼルスの距離は直線距離約4,000km，時差3時間である。この距離は，東京からだと，どこまで達するか。仮に，東京から南の方に向かうとするとハノイまでの距離が3,674kmなので，ほぼ同じ距離となる。時間的にも，飛行機でいずれも約6時間程度かかる。これが横の長さだとして，縦はどうか。ワシントンDCからNASAのあるテキサス州ヒューストンまでの距離は1,900km，東京 ⇔ 北京間の距離2,100kmよりは短く，東京 ⇔ 上海間の1,800kmよりやや長い。ともかく，広大な国土なのだ。

　飛行機の交通網が発達しているとはいえ，ニューヨークからヒューストンに出張すれば，移動で1日仕事になってしまう。アメリカ人は車を利用した移動を好むが，ハイウェーを利用した大陸縦断はどこまでもまっすぐ進む道をひたすらアクセルを踏み続けて，48時間だと言われ

ている。ハイウェーは，無料か，極端に安いため高速代金の心配など
まったくいらない。100年前は，この距離を1週間かけて幌馬車が昼夜
兼行で走り抜けた。それより前だと，そもそもまともな道がなかったら
しい。約1か月，命をかけた旅であったという。命がけで，アメリカ人
が西に向かう開拓精神を，フロンティア精神という。当時の土地所有権
に関する法律がいい加減で，土地を開拓すれば自分の物になった時代。
アメリカの大地が，人々の欲望を吸い取ったと言えなくもない。

　多くの人が開拓途中の道半ばで夢空しく死に至るという悲劇を繰り返
しながら，「ともかく前に」がアメリカンスピリットである。1960年代
前半，その精神を受け継ごうというケネディー大統領の提唱したニュー
フロンティアスピリットは，結局，月まで人類を送ることになった。

　アメリカの国民的ロッカーであるブルース・スプリングスティーン
は，9.11のテロで救助活動中亡くなった消防士を悼み「The Rising」
という歌を絶唱した。オバマ前大統領は選挙キャンペーン中，あるい
は，その後の就任時のコンサートなど，盛んにこの歌を使った。意味と
しては，「それでも登れ。登るんだ。」ということだろうか。消防士たち

| 図1.1 | 9.11 テロに立ち向かった消防車 |

倒壊するビルの残骸などで，原型をとどめない程，破損した消防
車（ニューヨーク911記念館）

がビルに取り残された人々を救うため，倒壊のリスクが高まったビルに命をかけて登ろうとした行為を，高らかに歌い上げている。「ともかく，勇気を出して登れ。」という唄声にアメリカ人が鼓舞されたのは，9.11という悲劇を克服しようとするアメリカと，多くの犠牲にさらされながら，フロンティアを目指した先祖たちとをダブらせたからに違いない。

　よく多民族国家と言われるが，U.S.Census（国勢調査）によると，人種別では白人が63％超，ヒスパニックが18％，黒人はそれを若干下回る13％である。アジア系は，5％超に過ぎない。その中で，日系となると全体の0.4％に過ぎない。ちなみに，1960年代の黒人による差別撤廃運動の頃は，現在より黒人比率は小さく全人口比率は10％程度であった。

　人種ごとの年齢別構成比から年齢の中間値を求めると，白人が43歳，その他の民族は33歳程度である。白人に比較して，他の人種は10歳ぐらい若い。ただし，これは寿命が白人は長いということではない。最近のデータによると，黒人と白人の寿命はほぼ同じであり，78歳（男性78.6，女性81.1）で伸び悩んでいる。

　州別人口では，最大の州はカリフォルニア州で3,925万人，次がテキサス州であり2,786万人となっている。ちなみに，メキシコとの国境の3,200キロのうち，メキシコからの不法移民を防げる程の壁を造るとすれば，テキサスとの国境に頑丈な壁が作れるかにかかっている。

　地域別のすみ分けを見ると，南部の人口が1億2千万人，北部が5千6百万人，西部が7千7百万人，中部が6千8百万人である。この国は年間200万人ペース，移民による増加が年間100万人，自国国民の自然増が100万人ずつ増加している。特に，移民によって毎年100万人都市（日本の仙台ぐらい）が新規に誕生すると思ったらよい。アメリカという国には，あらゆる物を飲み込むようなキャパシティーがある。それは，想像を超える。日本で同じことが起きたらどうなるか。日本は，人口を尺度とすると，1億人いるわけで小国ではない。しかし，毎年100万人

級の移民が押し寄せれば，たちまち大混乱に陥ることは想像に難くない。

　特に，ヒスパニック系の移民が拡大しており，それに伴い人口構成も大きく変化している。非ヒスパニック系白人とヒスパニック系白人の比率が逆転するのは時間の問題となっている。というのも，乳幼児（0歳～4歳）比率では，すでに逆転現象が起きているのだ。たとえ，不法移民の子であっても，アメリカで生まれればアメリカ国籍を正規に取得することができる。将来，ヒスパニック系の大統領が生まれることになろう。

1.2　一人当たり GDP は，アメリカのライバルを示す

　次に，アメリカの世界的ポジションを，一人当たり GDP の各国比較をもとにイメージしてみよう。図 1.2 は，一人当たり GDP の長期的な推移を，アメリカ，イギリス，日本，中国，ロシアでとっている。この図は，意味深い情報を伝えてくれる。確かに，アメリカは大国だが，少なくても 19 世紀まで，世界経済の中心ではなかった[1]。

　アメリカが一人当たり GDP で，イギリスを抜いたのは，1900 年代前半のことである。まさに第一次世界大戦のさ中，世界の経済システムが大きく変化する中で，イギリスからアメリカに経済の主役が移行したのである。

　その後，アメリカは日本を含む諸国から，経済的あるいは時に軍事的な追い上げを受け，国家としての危機感を感じてきた。その都度，台頭するライバル国を凌駕してきた。

　第二次世界大戦後，まず，ロシアが一人当たり GDP で急速に追いつきそうな気配を見せる。このピークは 1970 年代前半のことである。この時期，アメリカと旧ソ連は，冷戦構造を克服しデタントと呼ばれる緊張緩和を模索した。ソビエトは共産圏を代表し，アメリカに並び立つ超大国

図1.2　一人当たり GDP の推移（1800-2010）

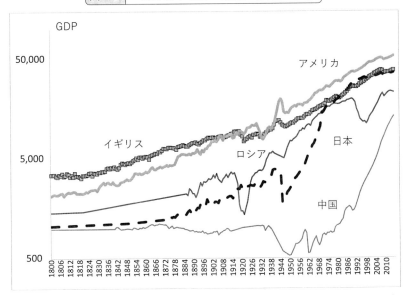

（出所）各国 GDP 統計をもとにした Gapminder のデータを用いて作成。縦軸の目盛
　　　は対数グラフであることに注意。

としての地位を築いたかに思われた時期でもある。しかし，ソ連はこの
時期がピークで，やがてソ連という国家そのものが崩壊してしまった。

　次に，アメリカの一人当たり GDP に接近したのは，1980 年代前半の
ドイツであった（図に入れていない）。EU 統合直前と言ってよいドイツ
は，ドイツの中央銀行であるブンデスバンクが安定した金融政策を行
い，戦後ヨーロッパでの経済的地位を確立した時期といってよい。しか
し，その 80 年代をピークに，東ドイツ併合，EU 統合の波に飲まれる
中で，徐々にドイツの一人当たり GDP はアメリカから離れていく。

　90 年代直前，最接近したのは日本である。日本は，我々が承知して
いるように，90 年にバブルが崩壊し，不毛の 10 年と呼ばれる低迷期に
突入する。80 年代前半から，日本とアメリカは貿易戦争と呼ばれる経
済的対立を先鋭化させていた。やがて，日本は内需拡大を図り，いたず
らに需要を刺激し過ぎたことからバブルを引き起こしてしまう。最近,

アメリカに接近しつつあるのは，中国である。

　一人当たり GDP で，アメリカの経済水準に達する寸前になると，必ず，その国の経済は大きな修正に直面する。70 年代のソ連（ロシア），80 年代のドイツ，日本，そして 2000 年以降の中国。一時的に，アメリカを凌駕する生産性を上げる仕組みができても，長続きすることはない。どの国もアメリカの生産性を安定して永続的に超えるような仕組みを作ることなく，勢いを消滅させてしまった。

1.3　地政学で見る強さ

　アメリカの力強さ，はどこにあるのか。何か，本源的なものがあるのだろうか。

　本書はこの点をはっきりとは示していないが，ぜひ一読後，考えて頂きたい。ここでは，とりあえず，地政学で考えるとしよう。アメリカの潜在的な力強さの理由には，地理的ポジショニングがあるとされる。これについて，若干触れておきたい。

　図 1.3 は，フランスの国際関係戦略研究所（IRIS）が発行する世界情勢地図（2016）からとったもので，アメリカから見た世界を描いている。

　地政学では，輸送の容易さが軍事的，経済的な優位さを示すと考えられている。この国を見ると，アメリカの東西両海岸が大西洋と太平洋に面し，世界との輸送力で地理的に優位なポジションにあることがわかる。アメリカは建国当初から，このような地政学的な優位さを持っていたわけではない。建国当初，西海岸はスペインの領土であったし，それ以降もカリフォルニアは長くメキシコの領土であった。

　実際，カリフォルニアをアメリカに併合するのは，かなり最近，19 世紀に入ってからである。それでもなお，西海岸への物資の移送には 1 か月を費した。今は銀行になったウエルス・ファーゴが東海岸から西海岸への駅馬車定期便を運行していたが，昼夜兼行で 1 か月の時間がかか

図1.3　アメリカから見た世界

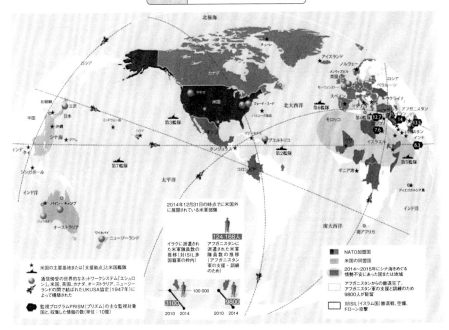

（出所）『最新　増補改訂版世界情勢地図』（2016）

り，物資の輸送は困難を極めた。19世紀半ばに大陸横断鉄道が開通し
たおかげで，一気にアメリカは地政的に優位なポジションを手に入れた
のである。

　現在，アメリカは世界に，第2艦隊から第7艦隊までの艦隊が配置さ
れている。この他，2010年に設置されたサイバー戦用の第10艦隊が存
在する。海外に駐留するアメリカ軍は兵員だけで約20万人，うち日本
に約3万5千人，韓国に約3万人の兵員が配置されている。その他で
は，ドイツに約5万人を主力とする8万人が兵力としてヨーロッパに展
開する[2]。

　補給および補修をし続けながら，艦隊を世界に展開できる能力はこの
国しかない。というのも，地政学的に他の国にはできないからである。
横須賀に司令部を置く，第7艦隊だけで兵員6万人，航空機300機以

上，艦船 60 艘という巨大組織であり，これに本国から常時交代要員，補修用機材を供給し続けるには，完璧なロジスティックが必要となる。それだけでなく，アメリカ本土からアクセスの至便さが確保されていなければならない。実際，アメリカは太平洋に面していて，その海を使って西海岸から極東まで比較的低コストで移動できる地政的な優位さを持っている。地政的な優位さを保つがゆえに，中東地域でも，地中海側とインド洋の両方から第 4，第 5 艦隊で挟むように配置できる。

　一方，中国も艦隊構想を持っている。しかし，中国の艦隊は太平洋で展開するのが限界である。というのも，中国の東は太平洋に面しているものの，南方向はジャングル，北方向はシベリアのツンドラ地帯，西は 1 万メートル級の山脈に囲まれている。仮に，西に艦隊を動かせば，まともな補給路が存在しないため，さっそく艦隊をその地域で常駐させることはできない。

　こうした地政学上の優位さが最も端的に現れたのが，第二次世界大戦である[3]。

　第二次世界大戦の犠牲者について，最大の死亡者を出したのは，2,400 万人が犠牲になったソ連である。これは全人口の 14％という膨大な数値だ。100 人中 14 人というと，深刻ではないように思うかもしれない。しかし，そこには働き盛りの若者が多く含まれており，戦後復興を図るにも，人材不足に陥ったにちがいない。続いて，ドイツが 600 万人（人口比 10％）の犠牲であり，日本の場合は 312 万人（人口比 4.8％）であった。悲惨なのは，アジア諸国で，フィリピンで 105 万人と人口の 6.6％，中国は 2,000 万人と人口の 3.9％，南北朝鮮は 48 万人で 2.1％であった。

　一方，アメリカの第二次世界大戦による犠牲者は約 42 万人と人口比で 0.32％という数である。アメリカは，人間を犠牲にしなくても戦争を完遂できたという点で，軍事的プレゼンスを低コストで実現した。この理由の一つが，海上交通を容易に確保でき，安定的な物資の供給が可

能であった地理的優位さがあったからだと考えられている。こうした優位さは，経済財のグローバルな取引でも発揮されることから，アメリカの優位さは長期にわたって揺るがない。これがアメリカの基本戦略の底流にある。

　アジアのシーレーン防衛こそが，日本とアジア諸国が安全に大規模な貿易をする上で重要であるという日本の対外戦略とも一致している。さらに，アメリカの場合，貿易だけでなく，企業の多国籍化に伴い，海外ビジネスを持続的に発展させる上で，必要に応じて高度な軍事力をグローバルに機動的に展開することも戦略に追加されている[4) 5)]。

1.4　直面する課題とトランプ大統領

　揺るぎない優位性を有しているはずのアメリカが，苦悩している。トランプ大統領の登場によって，その苦悩は一気に表面化した。そもそも，なぜ，トランプは大統領選挙で勝利したのか。事前の選挙報道を見ていると，大統領に当選したことはまったく理解しがたい。選挙後ですら，得票率で勝利したヒラリー・クリントンが当選しない，現行の州の選挙人総獲り型の大統領選挙制度の欠陥と指摘する専門家もかなりいた。トランプ大統領の就任以降，政府を肯定する者と，否定する者とが拮抗しアメリカはほぼ二分してしまったとも言われた。しかし，彼を大統領に選択せざるをえない厳しい現状を知っておくことは，この講義の起点として有効なように思われる。

　まず，その対立の背景にある経済的な要因を捉えることにしよう。図1.4は，上位1％の人々がその国の資産の何％を占めているかを示している。上位1％の人が保有する資産比率が高い程，不平等度は高いと考えられる。そのため，この数値は各国の不平等の度合を国際比較できるデータとして利用されることが多い。実際，この国の不平等化は先進国では最も深刻であり，しかもそれが最も早いペースで悪化している。ア

図1.4 所得上位1%の保有する資産の推移

（出所）World Wealth and Income

メリカは所得格差が拡大し，今後，不平等をめぐって対立が激化するのではないかという懸念が広まっている。

　この事態になっても，政府は何もしてくれないという不満が中間層以下の国民には強い。そのことが，オバマの後継者としてのヒラリー・クリントンへの反発につながった。不平等，あるいは格差は，なぜ重要な問題なのか。

　一般に考えられているのは，それがやがて階層の固定化を引き起こし，その国の活力を奪うような事態を引き起こしかねないからである。そもそも多民族国家であるアメリカは，出自でその人間の幸せや豊かさが決まることはあってはならない。その人間の価値は，その人の能力と努力によって決まるべきだという理想は建国の理念であり，国を維持する上で譲れない一線でもある。トーマス・ジェファーソン（1743年～1826年）が起草したアメリカ独立宣言では「すべての人間は生まれながらにして平等であり，その創造主によって，生命，自由，および幸福の追求を含む不可侵の権利を与えられている」と高らかに宣言し，これ

に反する政府があればそれを排する権限を有していると主張した。この建国の理念に，格差の深刻化はそぐわない。

　ところが，この国は，この理想を世界に向かって掲げながらも，現実には人間の肌の色や，出自が，その後の人生を決めてしまいかねない程，残酷な差が存在する。ある意味，理想と現実の微妙なバランス，危うさにあるとも評価できる[6]。

　現実の世の中は，理想通りではない。憲法学者であったオバマ前大統領は，国民に大いなる理想を語った。しかし，現実に目を向けてこなかったという思いが，トランプを大統領に押し上げた要因の一つである。実際，オバマ政権下でも格差の問題は取り上げられてきた。しかし，その捉え方をみると，格差が深刻であると受け止めている人から見れば，神経を逆なでするような言い回しになっている。2016年のオバマ政権下での大統領経済白書では，格差が課題と言いつつ，この仕組みにアメリカの力の源があるとしている[7]。

　さらに，長期的には優れた者が手にした資産は新しい技術の開発に向けられ，新たな成長の基礎を担ってきたとしている。確かに，このような面はある。例えば，鉄道王として巨万の富を得たスタンフォードはその潤沢な資金によってスタンフォード大学を創設した。この大学が，その後，アメリカの科学をけん引し，AI技術を生み出しアメリカの新しい産業の流れに少なからず貢献したことは，否定できない。しかし，オバマ政権下での大統領白書の主張は，勝者の弁である。

　もう少し，アメリカが直面する格差を見てみよう。アメリカの格差や階層の固定化は，決して古い話ではない。むしろ，アメリカは格差や不平等の少ない国であった。特に，第二次世界大戦直前に，従来根強い議会の反対で実現できなかった累進課税方式を導入してからは，所得再分配も順調であった。アメリカでこの問題が注目されたのは，せいぜい70年代に入ってからのことである。

　近年，特に深刻なのは，学歴による格差だ（これをスクールプレミアムと

12

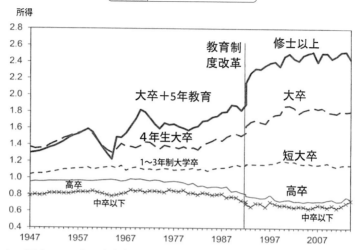

図1.5 学歴による所得格差

この図は，1947年の高卒者および1〜3年大卒者を基準1として，その後の所得の変動を示している。
（出所）Jorgenson et al.（2017）

呼ぶ）。大卒と高卒との間の賃金格差は，年々拡大している。その格差は最近では3倍以上にもなっているのである（図1.5）。この理由については，本書では多面的に考察する予定である[8]。アメリカの大学進学率は85％程度であるが（2015年，退学者は未調整），大卒未満の人は全人口の半分以上を占めている。大卒の肩書を持たない人の多くが低所得に甘んじる一方，大卒者はその何倍もの所得を得ている。そのため，大卒か否かが，人々の所得水準を分けるようになってしまった。これがアメリカを分断する底流となりつつある。しかも，最近では，この学歴差が共和党か民主党かの支持政党ともほぼ一致しており，知的階層とそうではない階層で二分されつつある。

1.5　変化に翻弄される人々

状況を深刻化させているのは，いわゆる中産階層以下で発生してい

る，クスリへの依存である。クスリといっても麻薬ということではな
く，正規の医療用の鎮痛剤である Opioid（精神安定剤）漬けになってい
るのだ。例えば，失業して精神的に追い込まれると，Opioid を服用す
ることで，その精神的な苦痛から逃れようとする。こういう事例が後を
絶たず，2017 年に，アメリカは非常事態宣言を出したのだが，ともか
く深刻である。

　Hollingsworth（2017）は，失業者の増加などマクロ経済の悪化に伴
い，Opioid 漬けの人が増えていく実態を分析している。Opioid は，経
済環境や社会構造の変化に上手くついていけない人々の行きつく果てと
言っても過言ではない。この分析では，意外なことに，白人層のクスリ
漬けが深刻である（図1.6参照）。救急病院に担ぎ込まれた白人患者は，
10 万人で換算すれば約 40 名である。

　さらに，緊急病院に搬送されたものの治療のかいなく死に至る死亡率
が，白人層で悪化し続けており，10％にも達している（2014 年）。黒人

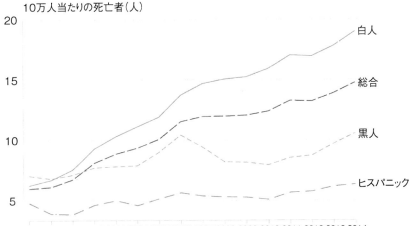

図1.6　アメリカの人種別のドラッグによる死亡率

（出所）Hollingsworth（2017）

やヒスパニックの死亡率が3～4％なのだから，異常である。アメリカの経済問題は，限界的には，マイノリティーである黒人層やヒスパニックで最も深刻化しているように思われるかもしれない。実は，格差や社会の変化に対応できないで，苦しんでいるのは，マイノリティーだけではない。むしろ，深刻なのは，技術を持たない高卒以下の学歴の人であり，そこには白人もマイノリティーもない。中でも，都市部ではなく地方に住む白人層に，こうしたクスリ漬けの人が多いと言われている。彼らは，イノベーション，テンポの速い産業構造の変化に対応できず，置いてきぼりになっている。

　経済学では，構造的な変化に対応できず失業に追い込まれていく労働者のことを摩擦的失業と呼ぶ。経済学的に厳密な議論ではないが，まさに，アメリカでは構造変化の中で摩擦的に発生した失業者が増えている。彼らは置いてきぼりになり，精神的にも追い込まれ，やがてOpioidに蝕まれていった。

　さらに，失業1％の上昇がOpioid漬けに起因する死亡率を0.19％上昇させると推計される。ダイナミックに変革するアメリカ経済の裏で，一定水準以下の学歴しか持たない人々の心は疲弊し，死に追い込まれているとしたなら，それは悲劇である。

　トランプ大統領の当選に世界は驚き，専門家はアメリカの大統領選挙制度の欠点を指摘した。確かに，得票率で見ればトランプは負けている。しかし，だからといって，トランプが国民の支持を受けていないということではない。彼が大統領に当選したのは，こうした追い込まれて疲弊している人々の支持を勝ち得たからである。

【注】
1) 超長期の経済データの作成は，Maddison（1926-2010）が草分けで，彼の開発した手法を用いたデータの更新はGroningen大学のMaddisonプロジェクトとして継続している。作成された更新データは，同大学のGroningen Growth and Development Centerから入手できる。

　ところで，このデータベースを使った一人当たりの GDP は，本書のようではない。旧ソ連の時代を含むロシアや中国の一人当たり GDP は，依然として低位である。Gapminder の長期データは，Maddison の手法で開発したデータを，購買力平価およびインフレ率を使って修正している。

　各国の長期データを観察すると，アメリカの一人当たり GDP は 1900 年前半にイギリスを追い抜いた。その後，現れた現象が興味深い。世界各国は，アメリカの一人当たり GDP にゆっくりと収斂する傾向を示している。むしろ，我々はこの点を強調すべきであろう。

　アメリカが飛躍的に成長した 20 世紀以降，世界はアメリカに収斂し，徐々にではあるが，経済は豊かになっている。現在，経済格差が深刻化していると言われている。しかし，長期的に見れば，世界は収斂しているような姿になっている。これには，アメリカが先行する金融・貿易取引のダイナミックな発展が影響していると考えられる。

2）　在日米軍の特徴は，兵員や施設の 7 割が沖縄に集中していることである。沖縄の基地問題は，本書のテーマではない。ただし，日米の関係を考える上では不可欠な知識の一つである。例えば，普天間基地の問題の経緯などを含めた日本の政治やアメリカとの関係については Murphy（2015）の下巻を参照されたい。

3）　Friedman（2014）を参照。

4）　地政学上の優位性は，逆に否定的に捉えることもできる。例えば，Murphy（2014）はアメリカ人エリートの中に，全方位優位性という観念を生んでいると指摘する。軍事的には同盟国と共同することで，あらゆる敵を撃退できるという幻想である。この幻想にあまりに囚われすぎると，アメリカの外交，軍事戦略は時に行きすぎて強硬姿勢に陥ってしまうとも考えられる。

5）　この地政学上の優位性に対して，気候上の優位性が人類史のレベルで決定的要因であったとするのが Diamond（2012）である。例えば，ロンドン，パリ，北京，東京，そしてニューヨークは似たような気候である。この都市は，気候が似ているという特徴がある。人類は，同一の気候で体を調整し，移動することはできる。しかし，縦の動きには弱い。例えば，人類が生まれたアフリカ ⇒ 北半球の方向には，ほとんど何も伝わっていない。気候が厳しく，そもそも人類が横（経度）に動くことができても，緯度（縦）に動くことが極めて難しかったことを示している。

6）　この点については，猿谷（1991）の『物語 アメリカの歴史超大国の行方』を一読されたい。平等をうたいながら，憲法から奴隷制廃止が削除された経緯や，レイシズムの吹き荒れる 19 世紀後半の姿など，興味深く読ませてくれる。

　また，この猿谷氏が監修した手塚治虫の『マンガ　アメリカ物語』は絶版になっているが，図書館に置いてあるところもある。チャンスがあれば，ぜひ読んで欲しい。

7）　日本語では，大統領経済白書は米国大統領白書と言う人もいるが，原文では

Economic Report of the President である。そのため，大統領経済報告と呼ぶ人もいる。両者は同じであり，混乱をする読者がいたら注意が必要である。本書では，この二つのどちらか一方に統一した方がよいとは思ったが，邦語訳と原文とどちらを参考にするかで，迷った結果，あえて一部は修正していない。両者は同じであり，気になる読者には大変申し訳ないと思っている。

　この報告書は，1946年雇用法にもとづき，大統領経済諮問委員会の付属報告書が添付されている。実は，この付属報告書が大半であり，分析も素晴らしい。経済諮問委員会は，アメリカを代表する経済学者で構成されており，特に委員長は大統領の問題意識とかなり密接に関わる人が担当していることが多いようだ。現在の委員長は，ケビン・ハセット（Kevin Hassett）であり，租税政策の専門家として著名である。恐らく，トランプ大統領の頭の中に，アメリカの税制を改革したいという意図があると思われる。ちなみに，オバマ大統領の時の委員長はクリスティーナ・ローマー女史で，マクロ経済学の専門家である。彼女は，世界的に評価の高いローマーの上級マクロ経済学の著者であるデビット・ローマーの夫人である。ローマー氏は，この他に，いわゆるイノベーションなど成長論の分野で活躍するノーベル経済学賞を受賞した，ポール・ローマースタンフォード大学教授など，経済学の分野には多数のローマーがいる。

8）　アメリカは，1992年に，教育改革を実施し，一般住民などが認可を受けて学校を設立することを認め，認可校への公的支援を制度化した。現在，認可された学校は5千校にのぼり，そのうちのいくつかは全米最上位の教育水準にあるとされている。

第2章

経済の現状

2.1　GDP 統計で日米を比較する

　本書はアメリカ経済の本質を基礎から考えたい。その目的からすれ
ば，不平等や格差の問題に触れる前に，アメリカ経済の規模やその変化
といった，基本を押さえておく必要性があろう。本書では，数量的な感
覚を重視したい。一体，アメリカの経済規模はどの程度なのだろう。経
済規模を知る上で，それを代表する指標といえば GDP（Gross Domestic
Product）である。2018 年のアメリカの名目 GDP は，約 20 兆ドル（日本
円で約 2,100 兆円）の世界最大の規模である。続く，中国は約 14 兆ドル，
日本は約 5 兆ドルだから，中国と日本の 2 か国を足して，ようやく，ア
メリカに並ぶことができる。それ程の経済規模を誇る経済大国である。
だからということもないであろうが，世界はこの国抜きでは稼働しない
し，世界のビジネスは，このアメリカの巨大市場をターゲットに，さま
ざまに創意工夫しライバル企業と格闘している，と言って過言ではな
い。
　1990 年頃から，アジアの時代だということで，日本企業はアジア進
出を積極的に拡大している。それゆえに，アメリカ ⇒ アジアへのビジ
ネスリソースの再配置のような印象を持っている人もいるだろう。しか
し，見当違いである。日本企業がアジア重視のビジネス展開を模索する

ことは当然にしても，そこではアメリカの国内市場でのプレゼンスを維持した上で，という前提がなければならない。

従来通り，日本企業はアメリカの市場を日本製品の輸出先として活用すべきだと言っているのではない。アメリカの消費需要は巨大であり，そこでの顧客の消費趣向を，世界の企業は意識せざるを得ないのである。

アメリカの GDP 統計からは，さまざまなことが見えてくる。そもそも，国内総生産（GDP；Gross Domestic Product）の概念の基本を確認しておこう。

GDP は，一国の生産活動を，生産の面，支出の面，分配の面，の三つの方向から見ることができる。GDP という箱を頭に連想してもらうと，これを三面（生産，支出，分配）のどの面から見ても，やはり被写体である GDP という箱を見ているということに変わりはない。これを三面等価の原則といい，マクロ経済学のテキストブックで初心者が最初につまずく話である。生産の面から見た場合，どうやって計算するのか。基本原理は，出来上がった最終生産物から，その途中で使われた材料などの中間生産物を取り除くのである。そうやって計算されるものを付加価値（＝最終生産物－中間生産物）と呼んで，これが生産の面からみた GDP になる。生産の面，つまり，誰が生産しているのかを示しているのだから，供給のことである。

この生産物は，市場で取引される。つまり，誰かがお金を出して，生産物を市場価格で購入している。これは，支出面から計算された GDP である。支出とは，経済学を学んだ人からすると需要という言葉の方がイメージしやすいかもしれない。どのような需要項目で，その GDP が使われたのか，消費なのか，投資なのか，それとも純輸出なのかを示している。このような経済取引で企業に入った稼ぎは，結局，誰かには分配される。

簡単に説明したが，この三面等価という考え方は初心者には実感がわ

かないかもしれない。ただ，経済状況を理解する最も上手くできた議論である。

　これまでの説明をもとに，名目 GDP を生産（＝供給），支出（＝需要）からとってみよう。図 2.1 は，生産が製造業部門，政府部門，サービス部門のどの部門から供給されたかを説明している。イメージしやすいように，あえて日本の GDP 統計と比較してみた。この図から，日米ともサービス部門が GDP の 6 割以上を占めている。いわゆる経済のサービス化が起きており，この傾向は趨勢的に高まり続けてきた。今後，AI 技術などの進展によって，生産に占める無形のサービス産業のウエイトはますます増えるであろうと予想される。しかし，後に述べるが，この傾向にも若干の変化が生じている。2000 年以降，アメリカでは経済のサービス化が，足踏みしているのだ。筆者は，この足踏み現象に注目している。そのため，本書では何度もこの点に触れたいと思う。

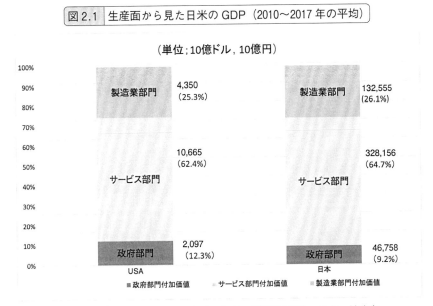

図 2.1　生産面から見た日米の GDP（2010～2017 年の平均）

（単位；10 億ドル，10 億円）

（資料）U.S. BEA（Bureau of Economic Analysis；経済分析局），日本　総務省
著者の HP に別の計算方法も示したので参照されたい。

　もう一つの（名目）GDP統計は，支出面，つまり需要面から捉えることもできる。前述したように，支出は民間消費（C），政府消費および政府投資（G），さらには民間投資（I），純輸出（NEX）から構成される。図2.2を見ると，アメリカのGDPの6割以上は消費である。しかも，消費のGDPに占める比率は日本に比較して10%近く高い。これは，アメリカが消費大国であるということだ。さらに，経済学的に言うと，消費のウエイトが高いということは，アメリカ経済が安定しているということだ。経済変動のうち，比較的変化が安定しているのは消費である。そのウエイトが高い国ほど，経済変動の山谷の振幅は小さく，安定していると考えられる。アメリカの問題の一つは，貿易赤字である。このデータでは，2010年〜2017年の平均でネットの貿易赤字はGDP比で3%程度であった。アメリカの貿易赤字をどのように捉えるかは，国際金融の基本を理解する上で重要なテーマでもある。第10章で詳述する

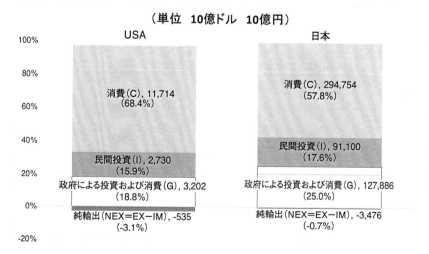

図2.2 支出面から見た日米のGDP（2010年〜2017年の平均）

（出所）BEA（Bureau of Economic Analysis；経済分析局）および内閣府経済社会総合研究所：USA（10億ドル）　日本（10億円）

が，先に予習しておくと，赤字が経済学的に「悪」であるという考えは古い，と断言できる。

　むしろ，貿易が赤字であっても，きちんと経済がワークする仕組み，これをアメリカ経済は実現したと考えた方がよい。本書は，この仕組みをさまざまな角度から論じていく。

2.2　GDP 統計から見えてくるサービス化

　アメリカのダイナミズムは，GDP 統計から見てとれるだろうか。我々は，産業構造が変化する様子を観察することで，ダイナミズムを捉えてみよう。経済が活性化している一つの証しは，産業が高度化することである。産業の中心が，農業を主体とする第一次産業 ⇒ 製造業を中心とする第二次産業 ⇒ サービス業である第三次産業に徐々に移行することが産業の高度化である。これは，一般的にどの国にも適応するもので，ペティー・クラークの法則とも言う。

　前述した計算した生産面から見た名目 GDP のうち，サービス業が生む付加価値を計算してみた（図2.3 参照）。産業が高度化すれば，サービス化率（＝サービス部門の生み出す付加価値／ GDP）は上昇することになる。このサービス化率を見ると，70 年代まで大きな変化はなく，1970 年代後半に入って上昇傾向に転じている。70 年代，アメリカが変動相場制度に移行するなど，戦後の経済システムが変化した時期である。この時から，アメリカの産業構造は製造業 ⇒ サービス業への高度化が進み，経済はダイナミックな変化を起こし始めたと考えられる。70 年代がアメリカ経済の転換点であったという考え方は，Reich（2015）など，経済学者の多数意見と言ってよい。ただし，その原因については，コンセンサスが得られているわけではない。

　ともかく国際通貨制度の変更，貿易取引の構造変化，技術革新などが影響して，経済のサービス化は進んだと考える。サービス化比率の推移

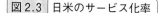

図2.3 日米のサービス化率

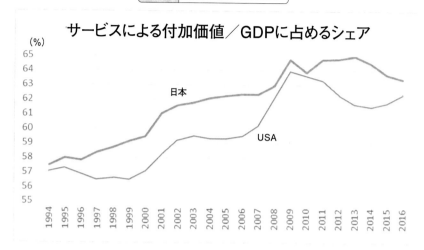

サービスによる付加価値／GDPに占めるシェア

（出所）U. S. BEA および内閣府

　をみると，特に最近の動きが理解できない不思議な動きをしていること
に気が付くはずである。2010 年以降，この傾向が足踏みしているので
ある。これはどう解釈すべきであろう。直観的な印象では，AI
（Artificial Intelligence）の普及などデータ処理技術の高度化で，Google な
ど情報系の企業は収益を高めているはずである。ところが，実際には頭
打ちであり，AI などの情報先端技術は，予想ほど利益があがっていな
いのかもしれない。ともかく，日米のサービス化率は，最近，低下して
いる。先程述べたように，この問題意識を持ちながら，本書は議論を進
めていく。
　サービス化率の低下について，もう一つの解釈も可能である。そもそ
も，GDP の定義に由来する。GDP は市場価格で取引されたものを対象
としている。ところが，Brynjolfsson and McAfee（2011）は，アメリカ
で普及する最先端の情報ビジネスが，エンドユーザー向けには無料で行
われていることを指摘した。GDP 統計が，経済実態を上手く掌握でき
ていないと指摘している。

　こうした指摘はあるものの，最近ますます注目される AI 技術だが，今のところ，我々が思ったほど経済的恩恵をもたらしていないようである。これは「イノベーションのジレンマ」と呼ばれており，さまざまな議論に波及していく面白いテーマである。要するに，イノベーションには限界があるのである。本書では，アメリカが方向性を持ったイノベーションを目指し，知的移民を積極的に受け入れたことを明らかにする。一方で，それが限界になりつつある状況についても，多角的に議論する。

2.3　経済の動向を捉える

　今後の経済動向を判断するのは，非常に難しい。これから説明するように，アメリカは，統計数値の発表間隔も日本に比較すれば数段早く，景気判断の基準も明確である。しかし，それでも容易ではない。まず，経済動向を知る上で最も重要なデータは，GDP であると言ってきた。アメリカではこの数値は政府，商務省の部局の一つである BEA（Bureau of Economic Analysis；経済分析局）から，四半期ごとに発表される。BEA は四半期（1〜3，4〜6，7〜9，10〜12）ごとに GDP を発表するが，四半期末の 3，6，9，12 月の翌月に速報値を出し，2 か月後に改定値，3 か月後に確定値を公表する[1]。

　経済の好不況を，どのように判断するのだろう。まず，アメリカに限ったことではなく，どの国にも共通する考え方の基本を説明したい。

　とりあえず，基準となる物価水準が必要である。基準となる物価水準などと，少し難しい言い方をしたが，発想は単純だ。

　例えば，ある国がラーメン 1 杯 1 千円を 10 杯生産していたので，その 1 万円（1 千円 × 10 杯）を GDP にカウントする。翌年，まったく同じラーメンが 1 千 5 百円/杯に値上がりしていたら，昨年同様の 10 杯の売上は 1 万 5 千円となる。これを，GDP にカウントする。仮に，この国

がラーメン 10 杯しか作らないのなら，GDP は 1 万円から 1 万 5 千円に増えたことになる。これが名目 GDP である。しかし，実際はラーメンの価格が上がっただけで，10 杯しか作られていない。本来の供給量（生産量と言っても，もちろん良い）であるラーメンの生産数は 10 杯で実質的に変わっていない。そこで，ある年のラーメン 1 杯の価格を基準として，GDP を計算するようにした。例えば，1 杯のラーメン単価は 500 円に固定してしまえば，この国の GDP は生産したラーメンの杯数でしか変化しない。実質 GDP と呼ばれるものである。

名目 GDP だけでなく，経済の成長を見るのなら，まず実質 GDP をしっかり観察しなければならない。図 2.4 は，実質 GDP とそのトレンドを示している。

実質 GDP の図から経済が良いとか，悪いとかどのように判断が下せるのか。

マクロ経済学の基本では，次のように教えている。まず，その国が普

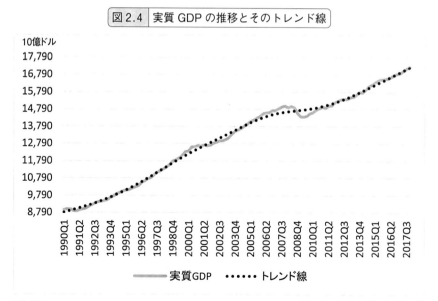

図2.4 実質 GDP の推移とそのトレンド線

（出所）U.S. BEA

通に経済活動を行っていた場合の経済の水準がある。これは専門用語で，潜在GDPなどと呼ぶ。潜在とは「そもそも備わっている」というような意味合いである。この潜在GDPは，完全雇用GDPとも言う。イメージしやすいように言えば，働きたいと思っている人は誰でも働くことができるという意味で，雇用100％の理想状態である。景気の良し悪しは，この潜在GDPを基準に考える。仮に，アメリカの潜在GDPを，年率1％ぐらいで成長するのが無理のない経済の姿であるとしよう。そもそも備わっている潜在GDPの成長率（潜在成長率）は，1％ということである。この年の実質GDP成長率が，2％であったとしよう（潜在成長率1％＜実質経済成長率2％）。この場合，本来の実力以上にアメリカは経済活動が活発であったということで，経済活動は良かった，つまり好況であったと判断する。逆に，実質GDPが0.5％であったなら，実力通りには活動できなかったという意味で不況ということになる。

　潜在GDPより上か下かで景気を判断する二限的な見方は，ケインズ流の経済学の基本にあるものである。これを，デフレギャップ（潜在成長率と実質成長率の差がマイナスであること），インフレギャップ（潜在成長率と実質成長率の差がプラスであること）という専門用語で言うこともある。ともかく，基本概念はここで説明したことに尽きる

　この概念は，国際比較をする場合にも便利である。例えば，一般にアジアのある国の実質経済成長は現在でも高く，5％以上である。アメリカの経済成長が2％であったとしよう。どちらが景気がよいのだろうか。アメリカ2％＜アジア5％で，アジアの国々の経済が良いと答えてよいだろうか。実は，これだけでは何とも言えない。どちらの景気が良いのかという質問に答えるには，それぞれの国の潜在成長率が必要になる。アメリカの潜在成長率は1％，アジアのそれは7％であったとしよう。この時，このアジアの国は，潜在成長率よりも低い成長率となり，経済は良くない。もう少し経済学らしい言い方をすれば，デフレギャップが発生している。一方，アメリカの実質経済成長率2％が潜在成長率

を上回るため，景気が良い。このように判断する。

　これまでの話を要約すれば，潜在 GDP と実質 GDP の成長率とを比較して，足元の景気の状態を判断するということである。潜在成長（率）という概念の使い方，ぜひ記憶にとどめて欲しい。

　実際，国の実力ともいえる潜在 GDP や潜在成長率を計測するのは，容易ではない。さらにやっかいなのは，基準となる潜在成長率そのものが変化してしまうことである。

　アメリカや日本も，さまざまな理由から潜在成長率が変化してきていると言われている。潜在成長率をどの程度に見積もるかというのは，極めて専門的な知識と作業を要する。はっきり言えば，景気判断が分かれるのは，潜在 GDP の置き方が専門家でも異なるからである。

　エコノミストが判断に使うのはもう少し簡便な方法を使うこともある。長期のトレンド線と実際の実質 GDP との比較である。アメリカ経済について，長期のトレンド線を引き，それとの乖離を見てみると，だいたい経済状況がわかる。トレンドより実際に経済成長が上（下）であれば，景気は良い（悪い）と思ってよい。

　アメリカ経済に，この考え方を応用してみよう。まず，図 2.4 で作成した実質 GDP をもとにトレンド線を引いてみる。次に，実質 GDP とトレンドとの乖離を計算する。この作業をして，図 2.5 に示し，観察してみよう。2008Q4（2008 年第 4 四半期）前後から急速にアメリカ経済が落ち込んだことがわかる。図をもう少し長期にとってみると，リーマンショック時の落ち込み方は尋常ではなく，世界恐慌時に匹敵する。リーマンショックはアメリカ経済に深刻に影響したことが確認できる。しかし，幸運なことに，2010 年頃には，アメリカ経済は 2008 年の最悪期を脱することに成功した。少なくとも，経済はリーマンショック前の好況時には及ばないが，かなり回復したことも理解できるであろう。この回復の要因を探し出すことで，我々は経済学的に重要な知見を得ることができるはずである。「なぜ，あるいは，どのようにアメリカは危機を脱

図2.5 実質GDPの推移とトレンドとの乖離

(出所) U.S. BEA より筆者作成

することができたのか」これは，経済学の重要なテーマの一つである。

　ところで，経済が不況にあるという判断は，どのように決めたらよいのだろうか。トレンドより低いから不況にあるというのは，実は言い過ぎである。しばらくすると，回復することもあるからで，たまたま，トレンドを下回っただけなのかもしれない。それなのに，不況だと騒いでしまうと，不況対策として，行きすぎた経済刺激策がとられてしまいかねない。

　実際のアメリカでは，不況の定義が決まっている。経済が四半期ベースで2期連続してマイナス成長である場合に，自動的に経済不況と考えるというルールを設定している。ただし，それが本当に不況なのかどうかは，もう少し慎重に検証する必要がある。具体的には，前述した潜在成長率とのギャップがどれほどのものか計算して判断する必要がある。この作業は，アメリカの場合，民間の権威ある経済研究機関であるNBER（National Bureau of Economic Research）が相当慎重に時間をかけて

検証し，最終的に不況かどうか認定する。

　このように，アメリカの場合，景気判断には客観的なルールを適用し，さらに，それを経済学的に検証することで客観性を持たせようとしている。これは，実は素晴らしいことである。

　残念ながら，日本は，ここまで厳格な制度は採用していない。そのため，足元，素人目にも不況感が漂って深刻なのに，政府は好況ですと言い張るような，大本営発表がまかり通ってしまう，かもしれない。実際，バブル崩壊時に日本国の不況対策は後手に回った。その理由の一つは，足元の経済が不況だと認知できなかった（これを経済学では認知のラグと呼ぶ）からである。

2.4　経済成長率と寄与度

　GDP 統計の解説をする。経済成長率の話をしたが，GDP 統計はさらに細かく，どのような需要項目（個人消費，民間投資，政府消費および投資，純輸出）が実質 GDP をけん引したか（あるいは押し下げたか），計算できる。専門用語で寄与度と呼ばれる値が計算されるのである[2]。

　なお，BEA のデータベースは寄与率の計算結果まで示してくれている。それを示したのが表 2.1 である。表は，意味深い情報を伝えている。まず，ここでは 80 年代，10 年ごとに平均の実質 GDP の伸びである実質経済成長率を，さらに，2007 年以降は毎年の経済成長率が示されている（第 2 例，実質 GDP 成長率を参照）。

　その下から，各需要項目別の寄与率が示されており，一体何が，その時の経済成長率をけん引したのか，あるいは成長を阻害したのかわかるようになっている。確認してみよう。例えば 2017 年の経済成長率は 2.3％のプラス成長であった。これは個人消費の成長が 1.88％，民間企業の投資が 0.53％，純輸出が－0.18％，政府消費および投資が 0.02％がそれぞれ影響している。四捨五入計算の関係で完全に一致することは

表2.1　実質 GDP 成長率の項目別の寄与度

単位：%

	1950s	1960s	1970s	1980s	1990s	2000s	2008	2009	2010	2011	2012	2013	2014	2015	2016	2017	2018	2019	2010以降平均
実質 GDP 成長率寄与度	4.25	4.53	3.24	3.15	3.23	1.82	-0.30	-2.80	2.50	1.60	2.20	1.70	2.60	2.90	1.50	2.30	1.60	2.40	2.13
個人消費支出	2.30	2.65	2.13	2.10	2.22	1.60	-0.23	-1.08	1.32	1.55	1.01	1.00	1.95	2.47	1.86	1.88	1.85	1.78	1.67
財	1.16	1.30	0.89	0.83	0.89	0.64	-0.58	-0.68	0.77	0.71	0.63	0.71	0.88	1.03	0.81	0.84	0.77	0.83	0.80
耐久財	0.38	0.55	0.43	0.42	0.49	0.36	-0.41	-0.41	0.43	0.43	0.53	0.45	0.50	0.57	0.41	0.50	0.43	0.49	0.47
非耐久財	0.78	0.75	0.46	0.41	0.41	0.28	-0.17	-0.27	0.34	0.28	0.10	0.27	0.38	0.47	0.40	0.35	0.34	0.35	0.33
サービス	1.14	1.35	1.24	1.27	1.33	0.97	0.35	-0.40	0.55	0.84	0.38	0.28	1.07	1.44	1.05	1.04	1.08	0.94	0.87
国内民間投資	0.90	0.94	0.86	0.51	1.01	-0.20	-1.71	-3.52	1.66	0.73	1.52	0.95	0.90	0.87	-0.28	0.53	-0.23	0.75	0.74
固定資本投資	0.66	0.86	0.84	0.48	0.96	-0.05	-1.22	-2.77	0.21	0.86	1.38	0.76	0.97	0.64	0.12	0.65	0.32	0.70	0.66
非居住用	0.39	0.76	0.63	0.45	0.81	0.12	-0.09	-2.04	0.28	0.85	1.05	0.43	0.86	0.30	-0.08	0.58	0.09	0.57	0.49
建築物	0.14	0.18	0.11	0.04	0.02	-0.04	0.21	-0.70	-0.49	0.06	0.32	0.04	0.30	-0.06	-0.12	0.15	-0.16	0.14	0.02
機械設備	0.16	0.46	0.43	0.23	0.54	0.02	-0.42	-1.29	0.70	0.66	0.58	0.26	0.39	0.21	-0.20	0.27	-0.08	0.27	0.31
知的生産物	0.09	0.12	0.09	0.18	0.26	0.13	0.11	-0.05	0.07	0.13	0.15	0.13	0.18	0.15	0.25	0.16	0.33	0.16	0.17
居住用	0.27	0.10	0.21	0.03	0.14	-0.17	-1.12	-0.73	-0.07	0.01	0.33	0.33	0.11	0.34	0.20	0.07	0.23	0.13	0.17
民間在庫変動	0.24	0.08	0.02	0.02	0.05	-0.15	-0.49	-0.76	1.45	-0.14	0.14	0.19	-0.07	0.23	-0.40	-0.12	-0.55	0.04	0.08
財・サービスの純輸出	-0.17	0.00	0.13	-0.12	-0.24	-0.03	1.11	1.19	-0.46	-0.02	0.08	0.29	-0.16	-0.73	-0.04	0.40	0.00	0.41	-0.20
輸出	0.13	0.32	0.48	0.45	0.69	0.33	0.67	-1.07	1.33	0.87	0.46	0.47	0.58	0.05	-0.04	0.40	0.00	0.41	0.45
財	0.05	0.26	0.40	0.32	0.55	0.19	0.50	-1.03	1.08	0.57	0.34	0.29	0.42	-0.03	-0.02	0.35	0.04	0.30	0.34
サービス	0.08	0.06	0.08	0.13	0.14	0.13	0.17	-0.04	0.25	0.29	0.12	0.18	0.16	0.09	-0.06	0.05	-0.05	0.11	0.11
輸入	-0.29	-0.32	-0.35	-0.56	-0.93	-0.36	0.44	2.26	-1.79	-0.89	-0.38	-0.18	-0.74	-0.78	-0.19	-0.58	-0.30	-0.69	-0.65
財	-0.17	-0.25	-0.32	-0.45	-0.86	-0.25	0.54	2.15	-1.69	-0.78	-0.30	-0.17	-0.67	-0.67	-0.11	-0.51	-0.18	-0.57	-0.57
サービス	-0.13	-0.06	-0.03	-0.12	-0.07	-0.11	-0.10	0.10	-0.10	-0.11	-0.09	-0.02	-0.07	-0.11	-0.09	-0.07	-0.12	-0.12	-0.09
政府消費および政府投資	1.22	0.94	0.12	0.66	0.25	0.44	0.54	0.64	0.02	-0.65	-0.38	-0.56	-0.12	0.25	0.13	0.02	0.32	0.12	-0.09
連邦政府	0.83	0.43	-0.16	0.40	-0.08	0.29	0.50	0.44	0.37	-0.24	-0.15	-0.46	-0.18	-0.01	0.00	0.01	0.03	0.05	-0.06
国防	0.81	0.27	-0.27	0.35	-0.14	0.19	0.36	0.27	0.18	-0.13	-0.18	-0.34	-0.18	-0.09	-0.03	0.01	-0.02	0.03	-0.08
非国防	0.02	0.16	0.11	0.05	0.05	0.09	0.14	0.17	0.19	-0.11	0.03	-0.12	0.01	0.09	0.03	0.00	0.05	0.02	0.02
州政府	0.39	0.51	0.28	0.25	0.33	0.16	0.04	0.20	-0.35	-0.41	-0.22	-0.09	0.06	0.26	0.13	0.01	0.29	0.07	-0.03

（出所）　U.S. BEA

ないが，2.3％の実質 GDP の伸び率 ≒ 1.88 + 0.53 − 0.18 + 0.02 になっている。

　ところで，この表から確認できるのは，長い目で見てアメリカ経済の成長率は，ゆっくりと鈍化しているような気配を示していることである。1990年代までアメリカは年率で3％を超える成長であったが，2000年以降は平均すれば2％以下にまで低下してきている。その中で，特

に，2008年〜2009年のリーマンショックは経済成長をマイナスに陥らせるほど，経済は悪化したことが確認される。この原因の一つは，個人消費が急速に悪化したことにある（2008年は−0.2，2009年は−1.1）。

特に，耐久消費財の落ち込みは深刻であった（2008年，2009年は共に−0.4%）。その後，経済はゆっくりと回復し，2017年の経済成長率は2.3%になっている。この回復をけん引したのは，やはり，個人消費であり，リーマンショック以前の水準と変わりないレベルにまで戻ってきている。

一方，企業投資はどうか。最近，回復基調にあるのは確かだが，十分とは言えないというのが2016年までの姿であった。ところが，2017年になると民間投資もリーマンショック以前（2007年）のレベルに戻ってきたことがわかる。

アメリカは，リーマンショックの影響を払しょくするのに，どれ位の時間を必要としたのか。この表を使って確認してみよう。専門家の中には，約10年の時間を必要とした，と言う方も多数いる。しかし，この表を使って判断すると，2010年には消費，投資ともに寄与度はプラスになっている。この表だけで判断すれば，3年〜4年で回復したと考えるのが妥当なところであろう。これを長いとみるか否かは，主観の問題である。ただし，回復に必要な期間が3〜4年というのは，日本のバブル崩壊とその後の不毛の20年に比較すれば長くはない。一体，なぜ，アメリカはリーマンショックを比較的短期で乗り越えられたのか。この点も，本書では意識しながら，さまざまな経済学の基本を使って考えていく。

もう一つ確認したいのは，政府の行動である。小さな政府を志向しているのだろうか，政府消費および投資の寄与率は1980年代以降，低下傾向を続けている。ただし，リーマンショック時の政府の寄与度は2008年，2009年で0.5%を超えており，政府が不況回避策として大幅な財政政策を発動させたことがわかる。

2.5 経済状況を再確認する方法

　GDP 統計から，アメリカ経済は好転し始めたと判断してよい。この見方は，正しいのか。別のデータソースを使って確認する必要がある。好みの問題があるだろうが，ここでは雇用統計を使って，GDP 統計から得られた情報を確認する。

　アメリカに限った話ではないが，経済データは，GDP の変動に対して，先行，遅行，あるいは同時に変化する三つのカテゴリーのいずれかに分類される。そのうち，雇用は経済動向と一致する同時性が比較的高いと考えられている。実際，前述した NBER が景気動向を最終的に判断する際，最も重視するのは雇用統計である。この雇用統計は BLS（U.S. Department of Labor Bureau of Labor Statistics 労働統計局）から毎月発表されている。

　GDP 統計は四半期に一度であり，いくら速報性と正確性に富むアメリカの GDP 統計でも，3 か月は結果を待たなければならない。ところが，雇用統計は毎月発表されるため，四半期ごとに発表される GDP よりも先に経済の変調をキャッチできる利点がある。例えば，「これだけ雇用が改善されているということは，来週発表される来李の GDP 速報値は相当高い数字が出るのではないか。景気がよいのなら，金利は…。」といった推論を利かすために，使われたりもする。これまでの GDP に関する知識をもとに，失業率の動向をみてみよう（図2.6）。2018 年春時点で，アメリカの失業率は大きく低下しており，経済は，かなりしっかりと回復してきていることが改めて確認される。

　しかし，無条件には喜べないようである。図2.7 は，失業者を学歴別にとったものだが，学歴が低い程，失業率は高いことが読み取れる。大卒以上の学歴を有する労働者の雇用は，比較的景気に左右されず，雇用が維持された。2017 年平均での大卒の失業率は 2.7％であるのに対し，

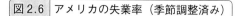

図2.6 アメリカの失業率（季節調整済み）

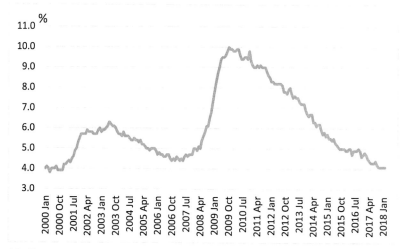

（出所）U.S. BLS（U.S. Department of Labor Bureau of Labor Statistics 労働統計局）

図2.7 アメリカの学歴別の失業率（年平均）

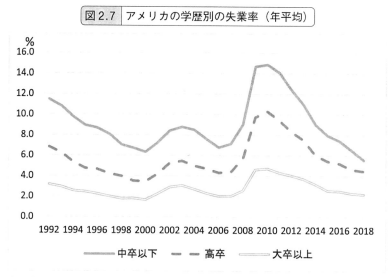

（出所）U.S. BLS

高卒の失業率は4.5％，それ以下の学歴の人はさらに高失業の6.5％であった。この学歴での失業率の格差は，日本よりも，やや高い。日本の完全失業率は2017年が2.9％であるのに対して，大卒の失業率は2.1％と若干改善する。また，高校以下の学歴の人の失業率は3.4％であった。学歴が高い程，雇用環境が改善するという点では同じだが，アメリカ程には日本には歴然とした学歴格差は存在しない。

　さらに，深刻な不況による失業率の悪化は，日米で大きな違いがあるようだ。アメリカの労働市場は2009年に最悪の状態に陥るが，その際，大卒の失業率が4.7％台であったのに対し，高卒者の失業率は10.1％にまで悪化した。不況時に，学歴の低い人ほどレイオフの対象になってしまうのである。

　一方，日本もリーマンショックによって，雇用は悪化する。高卒学歴者の失業率は6％，大卒は3.6％であり，アメリカほどには学歴格差は深刻ではない。アメリカの労働市場は不況期に大胆な人員カットを行うと言われているが，改めてそのことが確認される。その調整のし烈さは，学歴によって異なるのである。

　アメリカの男女による雇用機会均等については日本に比較すれば，進んでいる。日本の2018年現在の労働力率（労働力人口／15歳以上64歳以下の人口）は，男性が約70％，女性が51％であり，20％近い差がある。日本は，この格差はまったく解消する気配すらない。

　一方，アメリカも男女の雇用格差を示す労働力率は，男性労働者の労働参加が減少する形で長期的に縮小している。1980年代には，男女差は20％以下にまで縮小し，現在では男性が約69％，女性が57％となっている。ただし，アメリカがジェンダー・ギャップがない，などとは思わないで欲しい。世界経済フォーラムが毎年発表するジェンダー・ギャップ指数（Gender Gap Index: GGI）によれば，アメリカは世界153か国中，53位である。Me too運動にみられるように，かなり深刻な性による格差が存在する。ちなみに日本は121位。あまりに低水準で，G7

国で断トツの最下位に低迷している。

2.6　偉大なる収束

　アメリカ経済に限らず，景気は循環する。そのメカニズムを解き明かすのが，経済学の最重要のテーマである。しかし，景気循環のメカニズムについては，十分には解明できていない。その中で，おそらく，経済学者のほとんどが重要なファクターであると考えているのが，民間企業の在庫変動である。企業経営にとって，在庫の管理は最重要の課題である。せっかく商品が売れているのに，売り切れが続いているために肝心の売る商品が無いということになれば，ビジネスチャンスを失うことになる。かと言って，在庫を抱えてしまい，それが流行遅れや旧型化するということになれば，もはや値下げして売るしかなくなる。こうなると，企業経営を深刻に圧迫する。

　例えば，ジャスト・イン・タイム（JST）方式と呼ばれる在庫管理を徹底させた生産方式は「必要なものを，必要なとき，必要なだけ」という考え方で，部品の調達を精緻に行い管理する。生産工程で発生する部品在庫を徹底して管理するJSTは，日本では「かんばん方式」を採用するトヨタが有名である。

　次節では，経営の視点でアメリカ企業を解説する。その中で，生産工程を効率化し在庫を最小限に抑えるという方式を，企業戦略としてみなしてよいか否か，大きな論争があった。特に，日本企業はこの在庫管理の徹底を得意としている。しかし，90年以降の日本企業の不振を見た時，アメリカの経営学者の中には，在庫の徹底した管理など日本企業が得意とする経営は戦略ではなく，メソッドにすぎないと考えるようになったのである。そもそも，戦略は，それぞれの企業文化などもあり，他の企業が追随するのは容易ではないものを指す。しかし，日本型の経営は，模倣可能であったのだ。アメリカは80年代後半ぐらいから，日

本式のやり方を模倣し，完璧な在庫管理を導入し，今や極めて優れた在庫管理技術を持っている。

　ところで，この在庫は経済学では投資のカテゴリーに入り，在庫投資という。なぜ投資と考えるのか。企業は将来の販売に備えて，在庫を準備しておかなければならないからである。将来のビジネスのために，現在時点で製品を生産する。そのために企業の資金を使うのだから，まさに投資の性格を備えている。

　また，在庫には意図した在庫と，意図せざる在庫の二つがある。「意図せざる」とは，企業が事前に設定した生産計画にもとづいて生産した以上に，在庫が積み上がったり，逆に，予想以上のペースで在庫が減ってしまうことである。例えば，景気後退局面では意図せざる在庫が積み上がってしまう。この場合，生産計画を見直し，生産そのものを調整することで在庫を減らすようにしなければならない。景気は徐々に後退していたのだが，生産が調整されることで一層悪化する。景気回復局面では，逆のことが起きることになる。意図せざる在庫の減少に直面した企業は，積極的に生産活動を拡大するので，市場はますます活況を呈し，経済活動は一気に，盛んになる。まさに，好況に向かっていくことになる。

　では，アメリカの在庫投資を見てみよう。表2.2を参照して頂きたい。これは，前述したGDPの各項目別内訳である。実は，前述した寄与度を計算する際も，この表をもとに作成している。この図表の中で，民間在庫変動とあるのが在庫投資のことである。これまでの説明からすると意外なことに，在庫投資の規模は，GDPなどに比較すれば，桁違いの少なさであることに気付くであろう。

　例えば，2010年の実質GDPは15兆5,988億ドルであったが，そのうち，民間在庫変動に計上されているのは573億ドルにすぎない。この額の少なさゆえに，在庫は，経済変動の重要な要因ではないと，誤解してはならない。前述したように，この分野のエコノミストはこの在庫動

表2.2 アメリカの実質GDP（2012年連鎖法）

単位：10億円

	2010	2011	2012	2013	2014	2015	2016	2017	2018	2019	2019			
											Q1	Q2	Q3	Q4
Gross domestic product	15598.8	15840.7	16197	16495.4	16912	17403.8	17688.9	18108.1	18638.2	19072.5	18927.3	19021.9	19121.1	19219.8
個人消費支出	10643	10843.8	11006.8	11166.9	11497.4	11921.2	12247.5	12566.9	12944.6	13279.6	13103.3	13250	13353.1	13411.9
財	3485.7	3561.8	3637.7	3752.2	3905.1	4088.6	4236.6	4403.4	4583.3	4756.6	4649.2	4746.4	4808	4822.8
耐久財	1027.3	1079.7	1144.2	1214.1	1301.6	1398.8	1484.2	1586.4	1685.7	1765.7	1706.3	1759.3	1793.9	1803.2
非耐久財	2461.3	2482.9	2493.5	2538.5	2605.3	2693.2	2757.5	2825.2	2909.6	3005.5	2954.6	3001.3	3030	3036
サービス	7157.4	7282.1	7369.1	7415.5	7594.9	7838.5	8021.1	8182.2	8388.1	8560.8	8483.1	8541.4	8587.9	8630.9
国内民間投資	2216.5	2362.1	2621.8	2801.5	2959.2	3104.3	3064	3198.9	3360.5	3421.2	3481.1	3424.7	3416.2	3363
固定資本投資	2164.2	2317.8	2550.5	2692.1	2869.2	2967	3023.6	3149.7	3293.4	3337.1	3349.4	3337.4	3330.5	3331
非居住用	1781	1935.4	2118.5	2206	2365.3	2408.2	2425.3	2531.2	2692.3	2749.8	2765.6	2758.5	2742.7	2732.4
建築物	412.8	424.1	479.4	485.5	538.8	522.4	496.4	519.5	540.9	516.8	538.6	523	509.6	496.2
機械設備	781.2	886.2	983.4	1029.2	1101.1	1136.6	1122.3	1175.6	1255.3	1272.4	1278.9	1281.5	1269.3	1259.9
知的生産物	588.1	624.8	655.7	691.4	724.8	750.7	810	839.6	901.6	971.1	955.6	964.2	975.2	989.3
居住用	383	382.5	432	485.5	504.1	555.3	591.2	611.9	602.9	593.5	591.4	587	593.7	602.1
民間在庫変動	57.3	46.7	71.2	108.7	86.3	132.4	23	31.7	48.1	65.3	116	69.4	69.4	6.5
財・サービスの純輸出	-565.9	-568.1	-568.6	-532.8	-577.2	-721.6	-783.7	-849.8	-920	-954.2	-944	-980.7	-990.1	-902
輸出	1977.9	2119	2191.3	2269.6	2365.3	2376.5	2376.1	2458.8	2532.9	2531.9	2554.4	2517.5	2523.4	2532.4
財	1368.7	1465.3	1521.6	1570	1642.7	1637	1646.1	1710	1782.8	1785.6	1802.6	1775.3	1784.7	1779.8
サービス	609.2	653.8	669.7	699.5	722.7	738.4	730.4	750.3	755.4	752.1	757.8	748	745.5	757.2
輸入	2543.8	2687.1	2759.9	2802.4	2942.5	3098.1	3159.8	3308.5	3453	3486.1	3498.3	3498.2	3513.6	3434.4
財	2112.7	2242.5	2301.4	2341.9	2472.2	2612.6	2650.6	2777.1	2916.1	2923	2940.7	2941.7	2949.6	2859.8
サービス	430.8	444.6	458.5	460.6	471	487.4	508.9	531.3	539.9	562.1	558.1	557.2	563.7	569.6
政府消費および政府投資	3307.2	3203.3	3137	3061	3033.4	3091.8	3147.7	3169.6	3223.9	3299.4	3258.1	3296.6	3310.4	3332.4
連邦政府	1346.1	1311.1	1286.5	1215.3	1183.8	1182.7	1187.8	1197	1232.2	1275.7	1248.8	1273.9	1284.4	1295.7
国防	861.3	842.9	814.2	759.6	728.4	713	708.7	714	737.5	773.6	764.5	770.8	775	784.3
非国防	484.8	468.3	472.4	455.6	455.2	469.3	478.5	482.4	494.2	501.9	484.5	502.9	509.1	511.1
州政府	1961.3	1892.2	1850.5	1845.3	1848.6	1907.5	1957.9	1970.6	1990	2022.5	2007.9	2021.4	2024.9	2035.8
余剰	-11.3	-3.7	0	-0.4	0.7	10.7	21.1	17.2	2.1	-29.3	-15.8	-24.6	-33.9	-43

（出所）U.S. BEA

向を気にする。そのことを確認するため，GDP の変化と在庫の変化を比較してみよう。ここでは，前に説明した変化を捉える方法として，トレンド線からの乖離を計算し示している[3]。

　図2.8に示した GDP と在庫の二つのデータの変化率をとると，ほぼ一致している。つまり，在庫変動と経済循環は，極めて似た特性を持っている。おそらく，その理由はこれまで述べてきたように，経済変動に応じて企業が在庫量を調整せざるをえず，それが経済に大きな変化を促

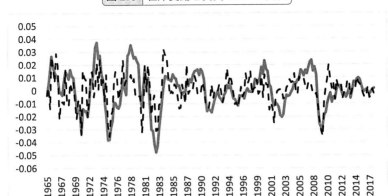

図 2.8　在庫変動と実質 GDP の変化

```
————トレンド除去後の実質GDP    ‐ ‐ ‐トレンド除去後の在庫投資
```

（出所）U.S. BEA, HP（Hodrick-Prescott）フィルターを使ってトレンドからの乖離を計算。

すからである。

　本書は景気変動の解説を目的としたわけではない。なぜ，ここまでこだわって解説したかというと，それなりの理由がある。1990 年代，アメリカの経済学者の中にニューエコノミー論と呼ばれる議論があった。1980 年～1990 年の時代を，ノーベル経済学賞を受賞した経済学者の Sims は「偉大なる収斂（Great Convergence）の時代」と呼んだ。従来，世界経済は比較的安定せず，景気変動の山谷も激しかった。経済が良い時はすばらしいが，次に不況が訪れた時，景気の山が大きい程，長期間にわたって深刻な不況に陥ることが多い。90 年代，日本のバブル崩壊を経験した我々には，「20 世紀の後半は偉大なる経済的安定を達成した時代だ」などと言われると，正直，違和感がある。しかし，現実に，80 年代からの「偉大なる収斂の時代」で，世界経済はどの国も安定し，しかもだんだん，どこかにまとまっていくような姿を示したのである。

　図 2.8 を見て頂くと，確かに 80 年代半ばから 90 年代にかけて，アメリカの経済の好不況の振幅も小さくなっている。図から判断するに，実

38

質 GDP の変化も － 0.02 から 0.02 の間にあるように見える。この状態が続けば，やがてアメリカの景気変動は消えていくのではないか，という議論が 90 年代には登場したのである。つまり，好不況の波が消えてしまう，「まったく新しい経済にアメリカは移行」したのだ，と言うのである。

　この最大の理由が，前述した在庫管理技術の発達にある。商品在庫が徹底して管理できる段階に達したのである。

　例えば，バーコードで商品を管理する技術，あの技術は，本来，日本で開発されたのだが，実際に応用されたのはアメリカであった。このバーコードで商品を管理することで，企業本社は画面を見ながら全米中の支店の商品の売れ筋を管理し在庫を調整，そして最終的にゼロ近くにまで，商品在庫を抑制できるようになった。在庫の循環も次第に影が薄くなり，経済は常に一定の状態を保ち得るのだとすら，信じられるようになったのである。経済循環の消えた，新しいエコノミーな状態に達したと主張する経済学者もいた程である。

　しかし，その後のことは誰でも知っているように，そうではなかった。リーマンショックという深刻な経済ショックが発生，再び経済は大きな振幅を見せるようになっている。ニューエコノミー論を主張した経済学者からすれば信じがたいことだろうが，アメリカは経済の激しい変動にさらされている。

【注】
1 ）　日本の GDP 統計は 2006 年に改定が行われている。それまで支出面から計算した数値を GDE（Gross Domestic Expenditure）と呼んでいたが，これを GDP（支出面）と呼ぶようにした。また，生産面，したがって供給面は GDP（生産面）として発表される。GDP を一次速報（1 か月後プラス 2 週間），二次速報（2 か月後プラス 10 日），さらに確定値は 9 か月後に発表される。ただし，その確定値も頻繁に改定される。日本の場合，速報値が安定せず，その後大きく修正されるという課題がある。
2 ）　寄与度の計算は寄与度＝$\frac{当年の内訳の値 - 前年の内訳の値}{前年の全体値}$　となる。例えば全体の値が今

年は 1100，前年は 1000 であったとする。そのうち，A の項目では当年は 50，前年は 40 であった。寄与度は $\frac{10}{1000} \times 100$（%）となる。A 項目の寄与度は 1% になる。

3）　トレンド線の計算は，上級レベルのマクロ経済学で触れる HP フィルター（Hodrick-Prescott）を使っている。

　　ただし，概念的には難しくない。トレンド線を引く際，直線ではなくカーブで現実データにできるだけ近似させようという考え方である。最近の計量分析用ソフトには組み込まれている。また，HP フィルターをとらないで，前期との階差をとっても，同じような図が得られる。

第3章

アメリカのダイナミズムと ビジネス

3.1 企業の寿命と戦略

経営学には PLC（Product Life Cycle）という考え方がある。製品の寿命は、黎明期、成長期、成熟期、衰退期の4つのステージで成立する。9割の新興企業が黎明期の段階で、市場から消えることになる。次に、この段階を経た企業は成長期をむかえ、収益性は大いに改善する。さらに、成熟期に収益の大幅改善は期待できないが、一定の安定性を維持できる。この時期に、開発に要したコストを回収し、利益を内部留保として蓄積することも可能となる。最終的に、その商品のニーズが無くなり需要が衰えれば、収益は急速に低下して終焉を迎える。

例えば、最近までカメラは必需品の一つであった。高級な一眼レフからデジタルカメラまで、どの家庭にも一台はあったはずである。ところが、最近では、カメラはスマホにその座を奪われ、専門店でなければ、大手スーパーの売り場にも商品すら置いていないはずだ。カメラはマニア向けの高級機器となり、ましてや、フィルムなどを使う旧来の伝統的なカメラはほとんど流通していない。もはやこの製品は、カメラファンなどの根強い需要はあるだろうが、限定されている。特に、カメラに付随した商品であるフィルムはまさに衰退期の商品である。扱う商品の

PLC のステージに応じて，企業も経営戦略を変更しなくてはならない。

　富士フィルムは，主力商品をカメラフィルムから医薬品にシフトさせた。フィルムを最初に世に出したコダック社のフィルムは，富士との競争に敗れ製品の質が高かったにもかかわらず，やがて，市場から駆逐された。このように，企業のダイナミズムは，商品の PLC によって生み出されている面がある。

　ところで，McGrath（2013）は，この PLC が極端に短くなり，かつ，活用期間と呼ぶ期間が一瞬になっていることが，企業が経営戦略を次々に転換しなければならない背景にあるという。これまで，比較的長く続いた成長期〜成熟期の旬の期間が一瞬で終わってしまう。一瞬の旬の時期に，これまでの開発投資分を回収し，次に新たな商品を提供していくことは容易ではない。そのため，企業は参入と退出を激しく繰り返してきた。

　また，近年の技術の有効寿命が短命であるため，自力での開発に膨大なコストをかけるのではなく，M&A（Merger and Acquisition）と呼ぶ企業買収などが激しく行われるようになった。これが，アメリカの最近の企業像である[1]。

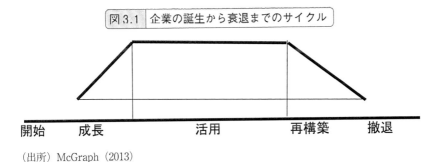

図3.1 企業の誕生から衰退までのサイクル

| 開始 | 成長 | 活用 | 再構築 | 撤退 |

（出所）McGraph（2013）

3.2 世界を牽引する巨大企業

　日本にいると，アメリカはゆっくりと衰退の一途を辿っているように

思えてくる。軍事力では未だ世界一の大国であるが，ここ50年ぐらいの間には，インドや中国に追いつかれ，追い越されるイメージを持っている人も多いのではなかろうか。もしかしたら，そうかもしれない。しかし，特に，企業の活力という点でこの国は衰える気配のない，ダイナミズムを有している。

　そこで，手元にある業界地図を開いて，アメリカ企業の世界のビジネスにおけるポジションを確認してみた。特に，情報分野でアメリカ企業は圧倒的な力を持っている。世界の時価総額TOP10（2020年）をみると，10社中7社がアメリカ企業である。

　1位はサウジアラビアのサウジアラムコだが，2位アップル，3位マイクロソフト，4位アマゾンと，情報や情報を活用する企業が6社入っている。また，PCの台数シェア。2016年のPC売上台数は2億6千万台であったが，そのうち，第1位レノボ（スタートはIBMであったが中国に売却）が21.3％である。しかし，2位のHP（Hewlett-Packard）（20.8％），3位Dell（15.6％）とアメリカ企業が上位を占める。さらに，サーバーでは，HP，デル，IBM，シスコシステムが世界の売上529億ドルの60％以上を占める存在である。

　情報だけではない。最も巨大な市場の一つである医薬品市場（世界の売上高7,415億ドル）で，33.7％がアメリカのメーカーである（世界一はアメリカ企業ファイザー（Pfizer）製薬）。ちなみに，日本の製薬最大手武田薬品は世界18位，約160億ドルの売上高にすぎない。日本の山中伸弥教授がノーベル賞を受賞した再生医療分野は，市場規模2億ドル程度に急拡大しているが，そのうち，アメリカ企業は72％を占めている。第2位の日本企業のシェアは12％に過ぎず，アメリカ企業の独走状態にある。

　自動車を見ると，2018年の販売台数シェアでは1位VW，2位トヨタ，3位ダイムラー，4位フォード，5位GMという順番，GMは依然として5位の地位にある。

　さらに，航空・宇宙産業では，ボーイング（Boeing）社の一社の売上で約1,000億ドルであり，日本の三菱重工，川崎重工など全メーカーを合算したこの分野での売上でも100億ドル超であることからも，桁違いの取引規模である。

　金融業では，2019年の銀行の時価総額で見ると，1位のJPモルガン（J.P.Morgan），2位のバンク・オブ・アメリカ（Bank of America）と続き，中国の中国商工銀行が3位である。日本の銀行は12位にメガバンクの一つである三菱UFJが登場する。第4位に入るウエルス・ファーゴ（Wells Fago）という銀行には，アメリカ企業のしたたかさ，柔軟性を感じないではいられない。というのも，この銀行は，もともと，東海岸から西海岸までを走り抜ける駅馬車を運行する会社だったからで，それがいつの間にかカリフォルニアの地方銀行業に転換し，そして，激しい競争を生き残ってきた。これだけで，奇跡的である。

　その他，食品でも，世界一はアメリカのカーギル（Cargill）社でその売上高は1,100億ドルを超える。

3.3　企業は活力の源泉を求めて

　このように世界のトップに数多くのアメリカ企業が名前を連ねるだけの活力は，どこから生まれるのか。これを理解するため，少しアメリカ企業の成り立ちを調べてみた。

　そもそも，いつごろから，現在に通じるアメリカ企業はスタートしたと考えられるのか。この質問は難問だが，あえて言えば，大量生産の仕組みを担うだけの社内体制を持ち始めた，第一次世界大戦以降であると，考えられる。例えば，19世紀半ばの大陸横断鉄道は，西海岸から東海岸への物流を画期的に拡大させた。これによって，アメリカ東部の物価水準は急激に低下し，内需が一気に拡大したのである。イギリスで始まった産業革命をアメリカにも伝播させる上で，鉄道会社が大きな役

割を果たしたことは言うまでもない。

　しかし，第一次世界大戦後のアメリカ企業は，フォード社やスタンダード社のように，企業規模（Economy of scale）を拡大するスケールメリットによって規模の経済を実現した点で，それまでとは違っていた。大量生産は，価格を大幅に引き下げる効果を持っていたことから，庶民の消費活動が大いに刺激されることになった。T型フォードで躍進したフォード車は，同一の型の車のみを市場に大量に販売することで，ぜいたく品としての車のイメージをまったく破壊してしまった。一家に一台という，生活必需品のレベルにまで車の価格を低下させ，需要を掘り起こしたのである。

　また，スタンダード石油を創設したロックフェラーは，川上から川下まで別個に存在していた企業群を統合（＝垂直的統合）し，範囲の経済（Economy of scope）を実現したと言ってよい。その競合企業の買収は，まったくあざとく，そこに働く従業員への対応は目に余る悲惨なものであったが，しかし，こうして蓄積された資本は新たな企業の飛躍を引き起こす糧ともなったのである。水蒸気 ⇒ 石油という新しい強力なエネルギーは，新たな生産手段，新たな動力源を生むことになる。いゆわる第二次産業革命と呼ばれるものである。石油だけでなく，電気も動力源として利用されたため，電車や電灯などが普及した。このような新エネルギーによって，爆発的な推進力を生む重油で動くエンジンを装備した飛行機や高速船などが次々に発明されたのである。それだけでなく，石油化学製品の誕生によって，我々の日常生活に必要であった綿は，やがてナイロンなどの化学繊維に代替されていく[2]。

　垂直的統合による企業規模の拡大の中で，アメリカ企業は企業統治や企業組織の考え方を確立していく。一つは，資金調達の手段としての株式市場の活用である。川上から川下まで企業群を整備するには膨大な新規投資と研究開発投資が求められるため，当然，自費では賄いきれなかった。こうした資金調達の手段として株式発行による市場からの資金

調達が活発化した。そこで，投資家の株式投資を促すために，従来以上に企業のアカウンタビリティーを高める必要性が生まれた。このことが，アメリカ企業の行動に，利益の最大化に最善を尽くすという，単純でわかりやすい企業目的を植え付けたのである。

　もう一つは，多角化し巨大になった企業の組織運営を効率化するため，事業部制が採用されたことである。最初に事業部制を採用したのは，火薬など軍事産業を手掛けていたデュポン社（Du Pont）である。50歳以上の年齢の喫煙経験のある人ならデュポンと言えば，ライターである。雰囲気のあるデュポン製のライターを，愛煙家は皆一度は手にしたはずである。もともと，デュポン社は，経営委員会を設立し合議によって最高意思決定を行うなど経営手法の革新に積極的な企業であった。そのビジネスは，火薬と兵器であり，第一次世界大戦では大変な儲けを稼いだ。戦後は，脱火薬ビジネスを推進し，積極的にヨーロッパからの帰還兵を受け入れ，彼らに仕事を提供すべく，さまざまなビジネスへの多角化に乗り出したのである。

　しかし，脱火薬ビジネスの転換は容易ではなく，生き残りをかけて行った膨大な開発投資が，経営を圧迫した。この当時開発されたものには，ナイロンなどの化学繊維製品があったが，業務の急激な多角化と開発投資の拡大で，収益はマイナスにまで落ち込んでしまう。ここに至り，デュポンは，各生産部門が完全独立な事業部制に移行し，権限を事業部に大幅に委譲する大胆な経営改革を断行したのだった。

　こうした事業部制による組織改革は，アメリカで次々に採用された。GE（General Electric）社やGM（General Motors）社も，次々に，事業部制を導入したのである。特に，GMを率いたアルフレッド・スローン（Alfred P. Sloan（1875-1966））は事業部制とフルライン化によって，一種類の車種にこだわる先行企業フォードを激しく追い上げ，追い越すことになった。フルライン化とは，顧客のセグメントごとに需要に応え，異なる車種を提供する戦略である。

　アルフレッド・スローンは経営のプロとして手腕を発揮することで，経営は職業としての「経営のプロフェッショナル」が行うという（つまりたたき上げではない），アメリカの経営者のスタイルが確立されていった。ともかく，垂直型統合により大量生産を実現したアメリカ企業は，組織の巨大化による非効率の発生を，事業部制で乗り越えようとしたのである[3]。

　戦後のアメリカ企業は，まさに絶頂であった。そこに働く労働者は，企業によって職を保証され，企業内に設けられた従業員用の医療ケアや，子弟への優れた教育サービスを優先的に受け入れることができたのである。一日の仕事を終えた人々は，家に帰宅しては，再び家族で揃って外出し，時にはホームパーティーでくつろいだのである。筆者は，かつて，ボーイング社やコダック社が基盤としていたニューヨーク州のある街を訪ねたことがあるが，夏の青々とした芝生が一面見渡す限り広がり，子供たちのサッカーチームを家族総出で応援する光景を見たことがある。おそらく絶頂期のアメリカは，どこでも，こうであったのであろう。当時のアメリカ人は，世界で一番裕福なこの国で生活することを誇りとし，この安定が永遠のものと思ったに違いない。

　しかし，絶頂は長くは続かない。このことを，かなり早い段階で気が付いた人物がいる。若きドラッカー（Peter F. Drucker（1909-2005））である。ドラッカーは，GMの依頼で，世界有数の企業であるこの企業組織の有効性を検証した。これは，『企業という概念（The Concept of the Corporation（1946））』として出版され，ドラッカーの出世作になる。その中で，GMの現状を肯定的に評価するものの，彼らの組織が限界に近づいていることを指摘したのである。特に，問題にしたのは事業部制である。事業部制は，権限を本社中枢から委譲し，独立採算をとるところに意味がある。ところが，実際のGMは，形式的で，官僚主義的に巨大組織を動かしているだけであって，柔軟性に乏しく将来性に欠けると主張したのである。

　この懸念は，残念ながら，現実のものとなった。戦後の経済復興の中で，垂直的統合によって，巨大化した組織は，環境変化に対応できなかったのである。遅くとも1970年代後半には，多くのアメリカ企業が限界に直面し，生き残りをかけて，凄まじい組織改変の大ナタを振るったのである。

　企業が多角化し，最終的に巨大化（コングロマリット化）することで，株主が多様なビジネスから安定した株式配当を確保できる。この認識が，その当時の経営者や経営学にあったことは想像に難くない。これが，アメリカで企業の垂直的統合が推進され，その管理の煩雑さを回避するために，事業部ごとに独立採算制が採用された背景にある。

　ところが，こうした企業の収益性を調べてみると，予想に反して，かなり低水準であったのである。エジソンの流れをくみ，現在流通している白物家電のほぼすべてを製品化したと言っていいGEは，経済成長程度にしか稼げない低成長企業という皮肉を込めてGNP企業などと陰口をたたかれる程，低迷していた。これに立ち向かったのが，1981年に史上最年少でGEのCEOに就任したジャック・ウェルチ（Jack Welch（1935-2020））である。

　Milgrom and Roberts（1992）の『組織の経済学』によると，中央集権的な管理体制では，多角化したビジネスの情報を的確に収集，判断することが容易ではなかった。また，多角化した事業案件を権限委譲なしで，本部が調整するコーディネーションも難しかったのである。事業部制は，こうした難問を調整する効果があったと考えられていたのである。

　しかしながら，実際にこれが収益性に貢献しなくなっていった。その最大の理由は，現実の事業をセグメントするのが極めて難しいという点にあった。例えば，国内事業部と国際事業部のような単純な分け方では，顧客や原材料の製品サプライヤーが対応しなくなっていたのである。これをコーディネーションする必要があり，このままでは事業部間

の調整にかなりの時間と労力を必要としてしまう。新製品の中身を分解してみると，一体これのどこがアメリカ製かと思えるほど，多様な国の製品で構成されている。国内と海外というセグメントではまったくコーディネーションは機能しない状況になっていたのである。

　また，この変化は，この当時，ガルブレイス（John K. Galbraith（1908-2006））が「境界の喪失」と呼んだ，経済の予見不可能な不確実な変化の中で発生していた。そのため，いくら精緻にセグメントをして事業部を立ち上げても，しばらくすれば，まったくその事業部では対応できない案件が次々に発生してしまう。アメリカ企業は事業部間のコーディネーションに苦闘し，対応できなくなっていたのである。

3.4　危機修正能力と経営者

　ウェルチが指揮する GE の戦略は単純であった。思い切って，ビジネスを絞り込んだのである。「No1・No2 ビジネス」という戦略で，企業のあらゆるリソースを有望な一つか二つのビジネスに絞り込むものである（表3.1）。

　当然，絞り込むことによって発生する余剰人員は解雇された。ウェルチが CEO 就任当時の GE は 40 万人の従業員体制であったが，1 年程度で 20 万人にまで圧縮された。ビジネスの選択は，さらに続く。GE は，創業当時に割賦販売のアイデアを定着させるなど，金融業的な強みを持っていた。当初，金融サービスをコアとするビジネス再編を模索する。

　ところが，ウェルチの後に CEO に就任したジェフリー・イメルト（Jeffrey R. Immert（1956～））は，この金融ビジネスを放棄し，グリーンビジネスと医療に絞り込んでいった。多角化戦略と巨大化を採用した戦後のアメリカ企業は，遅くとも 80 年代にはまったく異なるベクトルに経営の舵をきることになった。このように，企業経営者のリーダーシップこそが，環境変化を乗り越える活力の一つであることがわかる。ただ

表3.1 GE の経営戦略

GE の経営戦略

・GE の復活
事業部制を導入し、規模の経済を追求した結果、GNP 企業と呼ばれる低収益企業に（利益なき成長）。
①家電、②航空エンジン、③プラスチック、④放送、⑤証明、⑥送電力、⑦モーター、⑧輸送、⑨医療、⑩情報
1980 年代後半　ジャック・ウェルチ (1981-2001)
　No1. No2 戦略
1990 年　製造業売り上げ 56%
2000 年　製造業売り上げ 33.2%、金融 45.8%
金融サービスをコアビジネス。事業部門の売却、再編。
従業員　40 万人 (1980 年) ⇒ 24 万人 (1996 年)
一人当たり利益 $6,201 (1980 年) ⇒ $32,618 (1998)

GE 改革の内容

・WORK OUT と呼ばれる小集団による活動の相互管理————日本の模倣
・NY にあるクロントビル研究所で行う。
・金融エンジンを側面から支援するために、従業員の有する知的資産を横断的に管理。
・さらに、ジェフリー・イメルト CEO (2001-2017) になると…。
金融エンジンを放棄⇒グリーン・イノベーションと医療機器をコアビジネスとする体制に転換。
ラリー・カルプが CEO に就任 (2018-)

し、プロフェッショナルな経営のリーダーシップが生まれるに至っては、それを可能にさせるもう一つの動きを押さえておく必要がある。これは、次節で触れることにする。

　ビジネス範囲の刷新と再生を繰り返すことで、アメリカ企業は活力を獲得してきた。特に、第三次産業革命と呼ばれるエレクトロニクス革命は、企業を大きく変容させている。

　IBM は、その前身 CRT（コンピューティング・タブレーション・コンピューティング社）が設立された 1911 年にまでさかのぼることのできる、コンピュータ産業の草分けである。IBM と言っても、年配の方でないとなじみが薄いようである。この会社がどれ程のものなのか、エピソードを紹介する。「2001 年宇宙の旅」という SF の名作がある。これは映画化されており、ぜひ、一度ご覧頂きたい名作である。古さは、まったく感じられない。この作品の中に、宇宙船をコントロールするコンピュータ「HAL」が登場する。H の次は I、A の次は B、と一つずつ単語を進めてもらうと、HAL は実は IBM となっている。SF が想定した

表 3.2 | IBM の経営戦略

IBM の企業戦略	IBM の経営戦略（2）
・IBM のリエンジニアリング 1980 年代半ばまで：メインフレーム＋PC 事業中心（オープンリソース化＝OS ソフトの共有，などの戦略は採用）by エーカーズ（John Akers） 1993 年 ルイス・ガスナーが CEO に就任 コスト削減；ノンレイオフ制度の放棄（1 年間で 34 万人態勢から 22 万人に削減）。1 年で大手電機メーカーが消えるイメージ 1. コンピュータメインフレーム，PC の OEM 生産 2. 国防関連 IBM Federal Systems Company の売却 　…インターネット技術の無料開放 3. M&A を活用しソフト会社の合併（LOTUS など） 4. 経営組織の刷新（国ごとから，産業ごと） 　⇒ IT サービス事業（IT システム全般の問題解決を事業とする）を中軸とする事業再編に着手。IBM Global Service を独立事業部に。 　（司法面で独占禁止に関する事業の制限に関する判決撤廃）	・2002 年サミュエル・パルミザーノの CEO 就任 ・「アウトソーシング化するノウハウを蓄積し，グローバルに事業をオフショアリングする。」 　監査法人 PricewaterhouseCoopers LLP の買収（企業に会計分野の IT ソリューションを提案する戦略）。 　研究部門を強化（売上高の 5%以上を投入し，特許件数は全米の年間取得の 8 割を占める） 　ハード部門からの撤退加速。PC 部門は LENOVO へ 年売上高　　　　 2009 年 1996 年 Global Service 55 mil $　57.4%　29.4% Hardware　　 16 mil $　16.9%　48.2% Software　　 21 mil $　22.3%　　15%

2001 年の未来世界（この作品は 1968 年作）で，宇宙船を制御していたのは IBM 製のコンピュータなのだ[4]。

　ところで，IBM は現在どうなっているのであろう。引き続き，コンピュータ業界をリードしているのか。正確に言うと，引き続きリードしているが，企業としての姿は変容し，別の会社と言って過言ではない。IBM はコンピュータの実用化，商品化をした会社である。また，PC 上で動く計算ソフトである科学計算言語 FORTRAN も開発した。それ程の会社であるが，現在，PC は生産していない。なぜなら，この PC 生産部門は売却され，今や LENOVO として中国企業となっているからである。

　コンピュータの家元ともいえる IBM も 1980 年には，深刻な経営危機を迎えた。ここでも，プロフェッショナルな経営者ルイス・ガスナー (Louis V. Gerstner, 1942〜) が CEO として登場する (1993 年)。彼は，IBM が標榜していたノンレイオフ制度を放棄し，従業員を一年間で 34 万人体制から 22 万人まで大幅に削減した。この理由は，やはり業務の大胆な見直しにあった。まず，前述した PC などのハードからソフトへ経営の比重を移したのである。それだけでなく，IBM が国防省と共同で開発した虎の子の技術であるコンピュータ間通信技術を無料で開放する大英断をする。無料にすることで，その後，インターネットと呼ばれる通信回線技術の需要は爆発的に拡大することを IBM は予想していた。IBM は先行開発企業のメリットを活かして，セキュリティーやビジネス等への応用と，そのコンサルタント業へ転換を図っていったのである。

　ただし，ハードからソフトへのビジネスの見直しは，これでは終わらなかった。さらに，2002 年に新 CEO にサミュエル・パルミザーノが就任すると，監査法人 Pricewaterhouse Coopers LLP を買収し，企業会計分野のソリューションビジネスを手掛けるようになる。

　一方で，ネットの普及によるグローバル化への対応のため，グローバルビジネスのオフショア化が推進された。具体的には，英語圏で，かつ，24 時間応対可能な業務がインドなど社外企業に外注されたのである。現在のインドの IT 関連企業は 7 割近くがアメリカ企業の関連会社であると言われている。こうした企業戦略の変更によって，IBM の総売上に占めるハードのシェアは 2009 年には 17%（1996 年には 48.6%）にまで急低下する一方，グローバルビジネスが 57.4%（1996 年には 29.4%）にまで上昇したのである。

3.5 経営学とアメリカ企業

アメリカ企業にダイナミズムが維持される理由について，経営学の知見に触れてみたい。アメリカの経営学は，生きている学問である。プロフェッショナルな経営者は，潜在的な予備集団から選び抜かれるという話をした。彼らは，危機に直面したアメリカ企業改革を先導した。直観的な言い方だが，アメリカには企業経営の知識と経験を蓄積し，それを実践の場に転換する知の仕組みがあるように思えてならない。そもそも，米国の経営学は 100 年以上の蓄積がある。

おそらく，最初に経営学らしき試みとして，記録に残っているのは 1911 年に『科学的管理の原理 (1911)』を出版したテイラー (Frederick W. Taylor (1856-1915)) である。彼は，19 世紀後半から，労働者の生産性がどのようにしたら改善するのか，科学的に検証した。これがどれ程，革新的であったかと言えば，その当時の日本は官営の八幡製鉄所がようやく稼働し始めた時期であり，少なくとも，民間レベルで企業の生産性を科学的に解明しようとする発想は，浮かばなかったに違いない。

このテイラーの科学的経営管理という考え方は，人間を機械のように扱っているという点で批判の的になる。

正反対の議論として，有名なホーソン実験を行ったメイヨー (George E. Mayo (1880-1949)) がいる。彼は，テイラーたちが主張した生産性が労働環境によって異なることを実験で確かめようとした。その結果は，テイラーとはまったく異なるものであった。人間の特性や動機づけ，あるいは組織内の人間関係が重要であって，テイラーのように機械的に人間を管理するだけでは生産性は改善しないと主張したのである。人間関係が大切であるというのは，耳触りの良い議論である。ともかく，この二大発想を巡って，アメリカの経営学はさまざまな議論が交錯し，蓄積されていった。例えば，フォード (Henry Ford (1863-1947)) の経営スタ

イルは徹底的に生産工程を管理するテイラー主義の実践という性格を備えていた。これが生産工程の流れ作業化という生産手法を実現させ，アメリカ流の大量生産を定着させることになる。前述したように，大量生産は製品価格を大幅に低下させることになり，大量消費の時代をこの国にもたらした。

　戦後は，事業部制の限界が露呈する中で，生産そのものより，市場を開拓するための戦略的なマーケティングの重要性が認識される。ドメイン戦略と呼ばれる GE の No1・No2 戦略などは，マーケティングの実践例だ。このように見ていくと，アメリカの経営学の先端を押さえることで，アメリカ企業の将来の方向性について，何か方向性らしきものが見えてくると期待できる。その意識を持って，議論をさらに進めてみよう。

　その後，アメリカの経営学は，ポジショニング派とケイパビリティー派の論争が続いた。特に，ケイパビリティー派が成功例として 80 年代の日系企業の経営戦略に注目し，肯定的に捉えた。一方のポジショニング派は，その価値を認めなかった。両者の戦略論は激しくぶつかり合うことになる[5]。

　このような議論を経て，現在の経営学がその分析の対象として強く意識しているのは，一言で要約すれば，イノベーションを創造する戦略である。これは，後に触れる，方向性あるイノベーションという最近の経済学の発想とも類似する。

　最近，経営学で登場するイノベーションは，少なくとも「伝統的」な経済学の想定するそれとは，微妙に違っているように感じられる。経済学でのイノベーションは，シュンペーター（Joseph Schumpeter (1883-1950)）によるところが大きい。経済学で扱われるイノベーションは，神の啓示や偶然に強く依存し，人間が人為的に戦略的に起こせるものではない。伝統的な経済学におけるイノベーションは，頻度的にも非常に稀にしか発生しないことを前提としている。

表3.3 Google のイノベーション戦略

Google　エリック・シュミット CEO（2001 年〜2018 年まで）
・グーグルの失敗ビジネスから「学習する組織」
　ノート，Knol，Buzz，Google +，Google ビデオ
・基本発想　本業に特化しない。
・成長の源泉は小規模ベンチャーのイノベーション；破壊的イノベーションは遠く離れたところか
　ら密かに始まる。⇐　イノベーションに対するアメリカ先端企業のとらえ方
　デザイン思考という考え方に通じる
　理解　⇒　問題提起　⇒　アイデア　⇒　試作⇒テスト（対照実験）⇒　理解　どこから始めて
　もよい。

　それに対して，経営学のイノベーションは，人為的にある程度実現で
きるのである。AI など，大容量の情報量処理が可能なテクノロジーが
導入される中で，人間は独創的なアイデアによるイノベーションを生み
出せる可能性が出てきた。これを生み出しうる人為的環境と戦略作りこ
そ，重要だと考えているようである。

　例えば，スタンフォード大学などで推進されるデザイン思考という経
営学の先端的発想は，企業のイノベーション，アートデザインをヒント
にする思考法，組織作りを提案している。この分野の研究が，猛スピー
ドでアメリカの経営学に蓄積されている。それが，Google などの先端
IT 企業に大胆に応用され，経営学にフィードバックされ，企業活動を
刺激する素地になっている。

3.6　企業の合理性と個人の幸福の乖離

　60 年代以降，アメリカは日本や欧米諸国の企業との競争に直面し，
大胆でスピーディーな経営改革を行ってきた。結果，アメリカ企業は依
然として企業ダイナミズムを維持している。

　しかし，ここにアメリカの抱える問題の原因の一つがあると言っても
過言ではない。個々の企業の優れた対応が，そこに働き生きてきた人間
たちをすべて豊かにしたかと言えば，そうではないからだ。むしろ，60

年代，経済絶頂期に完成した労働者と企業とが共存する理想的な生産システムは，葬り去られたことになった。

　60年代，IBMなどアメリカ企業の多くは，社内医療・教育サービスケアを充実させ，従業員とその家族の福祉を維持する，優れたシステムを完成させていた。ある意味，企業という民間組織が社会の安全保障を担い，秩序と安定性を維持する重要な役割を果たしたのである。その意味で，アメリカにおいて，政府の役割は，あまり大きくなかった。日本と異なり，オバマケアが導入された最近まで，アメリカには国としての医療保障制度は存在しなかった。また，公教育も，州に委ね連邦政府が介入することはなかった。

　繰り返しになるが，連邦政府がこうした配慮をしなくても，民間レベルで十分手厚い社会を安定させる安全弁が創られていたからでもある。ところが，遅くとも70年代後半に，企業が自社の危機的状況を意識し，企業改革を進める中で，人々は解雇される。民間企業に委ねられた健全で安定した生活を維持するシステムから，突然，放り出された人が多数発生することになってしまったのである。必然的かつ突然に，政府が，民間に代わって手厚いさまざまな行政サービスを果たすことを期待された。もちろん，国家が社会的弱者に手を差し伸べることは，至極当然のことである。経済学的には「市場の失敗」に対して，国家が介入することの重要性はミクロ経済学のテキストにも強調して書いてある。

　一言で言えば，大胆でスピーディーな民間企業による企業改革は，皮肉なことに，アメリカが従来持っていた社会的安定機能をマヒさせてしまったのである。民間企業の医療保障制度からあふれてしまった失業者に対して，国家が補完することは，容易ではない。企業というミクロレベルのダイナミズムが，一般の人々の豊かな未来に結び付いていない。それがアメリカの現状なのである。

　そのため，一面から見れば，素晴らしいアメリカが見えてくるが，視点を少し変えただけで，残酷で容認し難いアメリカも見えてしまうので

ある。

【注】

1） Kotler and Keller（2006）が彼の著書『マーケティング・マネジメント』で商品の各ステージによって異なるマーケティング戦略が存在すると主張した。

2） この時期の日本企業は，日本経済史の話だが，簡単に触れておく。木綿・綿織物を輸出の核として育成してきた日本は，20世紀初頭には，イギリスを凌駕するほどの世界的な木綿・綿織物の生産・輸出拠点となっていた。経済規模でも，すでにこの段階でイタリア程度の水準であったと言われる。

しかし，綿織物の輸出利益は，過去程には期待できなかった。綿織物の原料となる綿花は，インドや中国に依存していたが，世界の緊張が高まるにつれ，原材料の確保が難しくなっていたのである。

第一次世界大戦以降，日本は金本位が復活し，従来通りの貿易が行われることを求めた。国内にあっては，金本位制度の復帰を目指し，自国通貨の安定を最優先の政策目標に置いたのである。通貨価値の安定のために，経済成長を犠牲にするデフレ政策が採用された結果，度重なる金融危機と経済低迷という混乱を招いたのである。

それだけではなく，この時期に石油エネルギーが石炭に代替する中で，世界の経済・軍事バランスが変化していたが，この変化にも機敏には対応できなかった。日本が，このことに気が付いた時，すでに石油資源は欧米のメジャーに抑え込まれていたのである。これが，軍部などの危機感を高め，石油エネルギーの安定確保が国家として急務の目標となり，実際に，満州に進出せざるを得ないという考え方に陥ったのである。実際，中国満州に進出したが，当時の掘削技術では石油を発見することはできなかった。

3） 日本が事業部制を採用したのは1960年代になってからのことである。

4） IBMは，HALがIBMのことであるという話を否定している。

5） ポジショニングは，その企業の全体での位置づけを重視する。ライバル企業と比較し，どこが優れているのか検証し，戦える市場を選んでビジネスを展開する。対するケイパビリティー派は自社内部に視点を置き，その企業の特異な企業文化や他者と異なる能力を認識することから始める。ケイパビリティー派が，成功事例として取り上げたのがキヤノン，ホンダなど日系企業であった。それに対して，ポジショニング派を代表するポーターは，日系企業のJIT（ジャスト イン タイム）戦略などが，手段であって戦略ではないと鋭く批判した。

第 *4* 章

貿易と
グローバリゼーション

4.1 自由貿易の旗手から，貿易戦争の担い手に

　2018 年のトランプ政権最初の大統領白書では，貿易について次のように述べている。

　「グローバルな貿易制度は，国際的影響力のある諸国，特に中国によって，試練に晒されている。これら諸国は，市場原理を無視しグローバル市場を機能不全に落し入れた。実際，アメリカのビジネスと労働者は，グローバル経済下にあって，競争相手と対等に競争しうる場を与えられたのなら，そのダイナミズムによって経済的成果を実現しえるはずである。我が政府は，経済学の既存研究でコンセンサスのとれた諸原理を踏まえつつ，我が国および貿易相手国が正当に獲得すべき利益を最大化するよう，そのための条件を最優先に実現する。」

　つまり，アメリカは中国の対米貿易の姿勢を非難し，政府として介入すると表明したのである[1]。

　この言葉は好きではないが，貿易戦争が始まってしまった。嫌な雰囲気である。経済学の原理では，自由な貿易取引が基本である。実際，第一次世界大戦前，世界は経済的な行き詰まりの中で，各国は自国の利益のみに傾注する近隣窮乏化政策を実施した。平和的に貿易を行うシステ

ムが維持できなくなったことが，第一次，第二次，両世界大戦の背景にある。経済学はその後，世界貿易の必要性を訴え，近隣窮乏化の効果を持つ自国最優先の政策の問題点を指摘し，保護貿易主義を牽制し続けてきた。

　その根拠は，いくつかあるが，結局，貿易を行う方が世界は豊かになるということを最大の根拠としている。そして，アメリカこそが自由貿易のアイデアを提唱した最大の旗手であったと言ってよい。それが，トランプ大統領は中国を名指しし，自由貿易を否定するような報復的な対応をするというのである。

　ところで，19世紀頃から，世界の貿易は一気に拡大した。超長期の世界経済データを整備したMaddison（1991）をもとに，いくつかの時代に分けて，経済成長と経済の振幅（volatility）を調べてみたのが表4.1である。

　1800年代，欧州に金本位の制度が確立されたことで，欧州諸国は貿易を行う仕組みを近代化した。イギリスの秀でた海軍力は，航海の安全を保障し，人々の往来と国境を超えた取引を活発化させたのである。この間，貿易という経済開放に与える恩恵を受け，激変したのは日本であろう。Maddisonによれば，江戸時代の実質経済成長率は0.012％程度である。ここに70の法則を使って経済規模が2倍になる必要年数を計算すると（70÷0.012＝583年）だから，数百年間，日本は止まった状態であったと言ってよい。

　ところで，開国後しばらくして明治政府に移行した日本の成長率は1.4％であり，70年で2倍になるスピードで変化し始める。開国は画期的な政策であり，日本人を一気に目覚めさせたのである。

　アメリカやイギリスあるいはフランスなど欧米諸国は，どうであろう。19世紀後半，欧米諸国は植民地の開拓に先を争い，経済的にも競うばかりであった。18世紀半ばまでに，世界の貿易量は，世界GDP総額の2割に達しており，外国経済の変動に自国経済が左右される環境に

表 4.1 ┃ 6 か国の経済成長と世界貿易量

	年代	1800-1869	1870-1913	1914-1940	1950-1973	1974-
アメリカ	Ave.	1.00	1.81	1.28	2.07	1.66
	Volatility	14.35	19.98	27.24	9.56	10.69
	Max	7.28	10.02	13.48	6.91	6.36
	Min	-7.07	-9.96	-13.76	-2.65	-4.33
フランス	Ave.	1.27	1.36	0.97	4.06	1.41
	Volatility	17.29	20.83	37.01	4.64	7.62
	Max	10.63	12.23	17.43	6.02	3.93
	Min	-6.66	-8.6	-19.58	1.38	-3.69
ドイツ	Ave.	1.45	1.57	1.83	5.59	1.51
	Volatility	11.25	10.12	33.79	18.13	10.2
	Max	7.81	6.32	16.34	18.23	5.34
	Min	-3.44	-3.8	-17.45	0.1	-4.86
イタリア	Ave.	0.21	0.99	0.95	5.41	1.69
	Volatility	16.14	8.24	14.58	7.49	12.56
	Max	8.06	5.19	9.13	8.8	6.49
	Min	-8.08	-3.05	-5.45	1.31	-6.07
イギリス	Ave.	0.62	1.13	1.33	2.32	1.88
	Volatility	24.4	10.62	20.27	7.12	10.46
	Max	8.39	5.72	9.48	6.48	5.94
	Min	-16.01	-4.9	-10.79	-0.64	-4.52
日本	Ave.	0.01	1.6	2.89	8.04	1.8
	Volatility	NA	26.07	23.64	8.81	11.21
	Max	NA	17.6	14.98	12.17	5.74
	Min	NA	-8.47	-8.66	3.36	-5.47
6 か国平均成長率		0.8	1.4	1.5	4.6	1.7
	Volatility	16.7	16.0	26.1	9.3	10.5
世界の（輸出＋輸入）／世界 GDP		NA	24%	18%	22%	41%

単位は％
フランスは 1820 年，ドイツは 1850 年からのデータ
必ずしも各国や国際機関の発表データとは一致しない。
ボラティリティー：経済成長率の時代区分ごとの最大値，最小値との差
NA データが存在しない
（出所）　Maddison の HP にあるデータベース。

なっていたのである。経済取引の拡大に対応するための財政・金融政策という考え方は、十分に認識されておらず、制度的にも未熟であった。また、この国際的取引の拡大に応じた、国家間の協調政策というアイデアも当時の帝国主義的発想では生まれにくかったに違いない。経済は、自然に任せて翻弄された、というのが適切な表現であろうか。

　そのことが、何に現れているかというと、GDP の振幅の振れの大きさである。図表をみると、1800 年代半ばから、欧米諸国は大きな景気変動に見舞われたことが見てとれる。アメリカの経済振幅を示すボラティリティー（Volatility）は、大戦期には 1800 年代前半の 2 倍にまで悪化した。そこに生きた人々は、二桁の成長と二桁近い大不況という深い景気の山谷を経験したのである。

　おそらく、そこに住む人々の生活を翻弄したはずである。こうした激しい経済変動は、戦後、急速に収斂していく。その理由は、ブレトンウッズ（Bretton Woods）と呼ばれる国際的な通貨制度と貿易制度の整備にあったことは明らかである。

　しかし、第二次大戦後の経済が安定した最大の要因は、国際経済の取引の枠組みが、国際貿易の変動幅を抑制するように働いたことである。この点については、第 10 章で解説するので、今の段階で理解してもらう必要はない。当時の経済学者や政治家は貿易取引と国際資金フローの拡大が、再び、経済の不安定性を高めてしまうことを恐れたのである。実際、図 4.1 のデータで見ても、戦後相当の期間（1950 年〜1973 年）、グローバル化は低調である。貿易量も、1800 年代の水準程度にしか回復しなかった。自由貿易、自由な国際取引を標ぼうしながら、実態は、経済のグローバル化を抑制し、再拡大するのを回避しようとしたのである。

　本格的に貿易が拡大するのは 1970 年代半ば以降のことである。アメリカは世界経済のリーダーとして自由貿易を推進するため、WTO などを通じて国際的なガバナンスを強化したのである。自由で活発な経済取

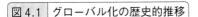

図4.1 グローバル化の歴史的推移

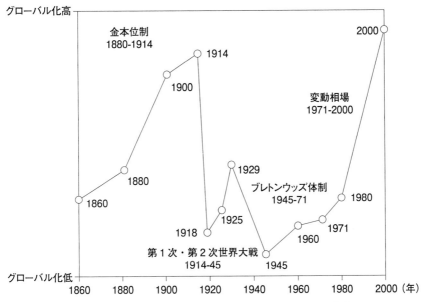

(注) 金本位制の時期は研究者によって異なり，この図では1880〜1914年となっている。
(出所) Obstfeld and Taylor (2005).

引によって，世界の GDP 比率での貿易量は 40％にまで拡大した。しか
し，それでもなお，世界経済は 19 世紀程には不安定化することはな
かった。

　さらに，自由貿易による経済の拡大は，アジアなど発展途上国経済を
刺激した。市場メカニズムが貫徹する貿易取引は TPP（環太平洋パート
ナーシップ：Trans-Pacific Partnership）の誕生によって関税が原則として取
り払われる予定であった。それで自由貿易は完成する，その寸前だった
のである。

4.2　アメリカの比較優位

　リカードの比較優位の原理は，野口（2009）が言うように，経済学最大の研究成果と言ってよい。もともと，リカードは，19世紀前半，イギリスが穀物法の廃止を主張するために使った議論である。もちろん，廃止反対を主張した学者もいた。人口論のマルサスであり，今で言うところの食料安全保障の視点で論じたのである。

　それぞれの国が，自国が他国に比較して効率的に作れる物に生産を特化することで，豊かになれるというのである。この比較優位の原理は，強烈なインプリケーションを有している。今，2か国（A国，B国）で考える。A国はB国に比較して工業に強く，B国はA国に比較して農業に強いものとする。具体的には表4.2にあるように，1人単位の労働を使った場合に，A国は機械製品を2台，農産物は1個しか生産できない。一方，B国は労働1単位で機械製品は1台しか生産できないのに対し，農産物であれば2個も生産できるものとしよう。A国は，機械製品の生産が得意，B国は農業製品の生産が得意で，それぞれ生産に得

表4.2　比較優位

| | 比率 | | 労働10単位を使って生産 | | | |
| | | | 貿易を行わない | | 特化 | |
	機械	農産物	機械	農産物	機械	農産物
A国	2	1	10	5	20　(10)	0　(10)
B国	1	2	5	10	0　(10)	20　(10)
2か国の合計			15	15	20	20

（　）内は貿易を行い入手

価格		比貿易後の価格比	
1	2	1	1
2	1	1	1

手，不得手があるということである。これは A 国，B 国の持っている
生産の方法が違っているからである。この各々の生産の方法は，我々の
身近な言葉で言えば，生産のための技術に他ならない。例えば，どうし
ても A 国は，農産物を 1 単位作らなければならないとしよう。この場
合，得意なはずの機械生産量を 2 台も減らして，農産物を 1 個，生産す
る。A 国は，そういう技術しか持っていないのである。逆に，B 国が農
産物を 2 個生産できるので，機械生産を 1 台犠牲にするだけで，農産物
は 2 単位も出来てしまう。独特の技術を，それぞれの国が有しているの
である。

　回りくどい言い方だが，両国の生産技術の違いが，経済学でいう機会
費用（Opportunity Cost）を生んでいる。この機会費用という概念は，経
済学独特のコンセプトであり，かつ，経済的センスがあるか否かを決め
る発想である。

　A 国は機械の生産を 2 台放棄しないと，農産物を 1 個生産できない。
つまり，機械生産のチャンスを逃して，農産物を生産するという点で，
機会費用と呼ばれるコストを発生させている。一方，B 国の場合も，農
産物に得意な技術を持っている。これも同じように考えれば，農産物 2
個の生産を放棄しないと，機械製品は 1 単位出来ない。そのような機会
費用を発生させているのである。

　ここで思考実験をする。A 国，B 国 ともに，それぞれ 10 人単位の労
働力を有しているとしよう。A 国，B 国は，5 人単位ずつ労働を，機械
と農業の生産に充てることにする。A 国のこの時の生産量は，機械製
品 10，農業製品 5。B 国の生産量は，機械製品 5，農業製品 10 となる。
この時，A 国と B 国の 2 か国の総生産量は機械製品 15，農産物も 15 と
なる。

　今度は得意な物だけを生産するように，特化してみよう。A 国はす
べての生産を機械に充てれば生産量は 20，農業製品は 0。一方，B 国は
機械生産は 0，農業製品は 20 となる。世界の生産量の総計を計算する

と，機械製品でも農業製品でもいずれも，特化した方が大きくなっている（20＞15）。得意なものに生産を特化すれば，結局，世界はより多くの物を生産できる。つまり，より多く供給されていることを確認されたい。さらに，例えば，A国は生産した機械のうち，10は自国で使い，残り10は外国Bに輸出する。同じように，B国の農業製品10は自国で消費し，残り10はA国に輸出する。それぞれの国は，特化しつつ，自分たちの得意でない生産品は外国から輸入したのだが，前よりも多くの消費が可能になっている。

　この時，価格はどうなるか。「下がる」，のである。直観的に説明すると，A国は貿易が行われる以前より，農産物をたくさん供給される。したがって，農産物価格は引き下げられる。なぜなら，貿易がない自給自足では農産物の供給は5であった。それが貿易によって，供給は10に増えている。農産物は5から10に供給が増えるのだから，価格は下がることになる。一方，B国は機械製品を10供給されるので，貿易が行われることで機械製品の価格は下がり，消費者はより多くの機械製品を手にすることができる。

　もちろん，念のため確認すると，A国の機械製品の供給量は変わらず10なので，価格は依然のままである。同様に，B国の農産物価格は以前のままである。

　比較優位の原理は，我々が一度は聞いた言葉であるはずだ。ところで，この比較優位が発生する源泉は何に求められるのか。リカードは，その原因を，どの国にも得手，不得手という固有の技術にある点に求めたのである。そもそも，技術とは何か。これは章を改めて，説明する必要がある。しかし，技術の違いが機会費用を発生させ，貿易しようというモチベーションを高める。

　ここまで，比較優位の基本的な概念を説明した。比較優位の源泉は固有の技術にあり，それが機会費用を発生させることを，理解できたであろうか。

　アメリカは，どの分野に優れた技術力を持っていると考えられるのか。この議論は，実は案外難しい。リカードの強烈な比較優位説のインプリケーションは，それを検証しようとすると，途端に難解になる。

　最新の研究の結果だけを示したのが図4.2である。これはCostinot et al.（2012）をもとに，米中で比較優位の程度を製品ごとに示している。1が基準であり，それより大きいほど，その国はその製品に比較優位を持っている。原点と座標（1.1）を結んだ傾き45度の線より左上にある産業ほど，アメリカが強い産業である。逆に，この線より下にあるほど，中国が強い。アメリカが強いのは食肉などの農産物（FOOD）である一方，中国が強いのは鉄鋼（Textile）である。

　トランプ大統領が，20％を超える関税を課した製品は鉄鋼とアルミであり，逆に中国がそれに対抗して関税を課したのは農産物である。両国は，それぞれ，自国の比較優位が最も働きにくい産業を保護しようとし

図4.2　米中の比較優位

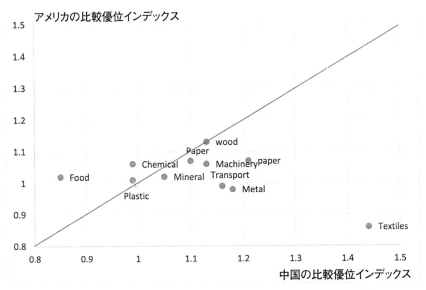

（出所）CEPII（Centre d'Etudes Prospectives et d'Informations Internationales）

ているのである。

　アメリカの比較優位が農業にあると言われると，直感では理解できない人も多いのではないだろうか。アメリカは農業国であると言われたら，違和感があるはずである。

　一言で言うと，アメリカはアグリビジネスに比較優位がある。農業に関連したあらゆるビジネスのことをアグリビジネスと言うのだが，この担い手であるアメリカ企業はあまりに巨大である。世界最大級の穀物メーカーでカーギル，アーチャー・ダニエルズ・ミットランド（ADM），タイソンフーズ，ペプシコ，コカ・コーラという5大アグリビジネス企業が存在する。例えば，2014年の売上でカーギルが1,200億ドル，ADMが812億ドルであった。余談だが，カーギルは，地理的・歴史的経緯もあり，先物取引などの金融取引にも習熟しており，日本の不動産取引などにもフィクサーのようにたびたび顔を出す巨大組織である。

　さらに，このアグリビジネスの最大の出資者であり，支援者は州政府を含めた政府である。補助金，新種改良研究などに膨大な資金を投入しており，アグリビジネスはアメリカの基幹産業なのである。巨大アグリビジネスが成功を遂げる一方で，農林水産漁業従事者は40万人程度である。農業関連ビジネスに従事する人を諸々含めても全就労人口1億4千万人の1％に過ぎない。しかも，専業農業従事者の平均年収は，2万8千ドルでアメリカの平均年収3万8千ドルを下回っている。アメリカ農業は決してうまくはいっていない。

4.3　経済格差と貿易

　経済学の基本知識を使って，アメリカの貿易問題をさらに考えてみよう。リカードの比較優位の原理は，貿易の経済効果を理解する上で，素晴らしい議論である。しかし，この議論では生産に利用されるインプット（経済学では要素という）は，労働だけと仮定している。一般に，経済

学では生産に必要な要素は，土地，（物的）資本，労働の三つから成ると考えている[2]。

　この考え方は，非常にうまくできていて，世の中のものを分類すると，土地（動かない，死なない，耕すと肥える），（物的）資本（動かすことができる，死なない，鍛えても改善しない），労働（まあまあ動かせる，最終的には必ず衰える，鍛えると改善する）のどれかに分類することができる。リカードは，貿易の重要性を生産要素の一つである労働を使って説明した。しかし，実際には資本的なものや，土地的なものも生産には利用される。それゆえ，貿易についても生産要素を複数にして，議論をした方がよい。以下で説明するモデルは，ヘクシャー＝オリーンモデル（Heckscher-Ohlin model）と呼ばれるもので，貿易取引の性質を理解する上で比較優位の議論と並ぶ基本の議論となっている。ただし，複雑に感じる人は，この議論のインプリケーションの理解だけでよく，スキップしてしまってよい。

　まず，復習だが，比較優位の源泉は，技術にあった。ところで，もう一つの国際経済学の代表傑作であるヘクシャー＝オリーンモデルでは，何が比較優位の源泉であると考えているのか。答えを先に言ってしまえば，「賦存量（Endowment）」である。

　さっそく，難しそうな言葉が出てきたが，イメージしやすいように言えば，最初の発射台あるいはスタートラインのことだ。その発射台やスタートラインは，国によって異なる。ヘクシャー＝オリーンモデルでは労働と資本だけを取り上げている。この二つでも，どちらかと言えば，労働力は豊富にあり銀行システムなどが脆弱で機械設備なども比較的貧弱な国と，その逆もある。例えば，中国とアメリカとで，労働と資本をそれぞれ測って比較すると，中国はどちらかと言えば労働力が豊富で労働集約的である。アメリカは，資本を注入することで高度化した生産プロセスに長けており，いわゆる資本集約的な生産が得意であると考えられる。この二国の差は，初めに存在する労働と資本の賦存量の差なので

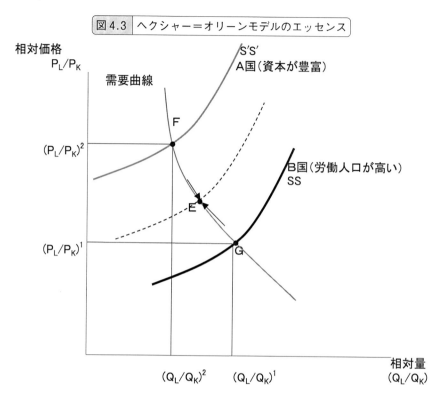

図4.3 ヘクシャー＝オリーンモデルのエッセンス

ある。

　少し，議論を深めよう。労働集約的財の生産量を Q_L, その価格を P_L とする。また，資本集約財の生産量を Q_K, その価格を P_K とする。

　縦軸に資本集約型製品に対する労働集約型製品の相対価格 (P_L/P_K) をとり，横軸に2つの製品の相対取引量 (Q_L/Q_K) をとる。相対価格という言葉に，混乱する方もいるであろう。その場合，相対という言葉を無視して考えてもらえばよい。この縦軸を上に行くほど，労働集約的な製品の価格は上昇するとしているに過ぎない。

　労働集約的な財への需要は，価格が低いほど高まるので右下がりとなる。さらに，話を簡単にするため，A国とB国共に，同じような好みをしており，需要はまったく同じであると仮定しよう。

　次に，労働集約的な財の供給曲線は，A国とB国の2種類があり，しかも右上がりの曲線になるものとする。簡単に説明すれば，企業は価格が高いほど，より積極的にその財を提供しようとする。労働集約的な財の価格が上昇する程，企業は積極的に，その財を供給しようとする。ポイントは，労働が豊富であるか否かで，二つの異なる供給曲線（SSとS'S'）が描けることである。

　労働集約型の国であるB国に存在する企業は，豊富な労働を使って安く財を生産できる。より安い価格で，より多くの労働集約型の財を提供できるので，供給曲線はSS線に表される。一方，資本集約型のA国に存在する企業では，労働者が稀少な分，賃金は高い。賃金コストが高い分，コストがかかるので，A国に比較すれば高い価格でしか労働集約型の財を提供できない。図にすれば，その供給曲線はS'S'となる。

　まず，貿易が行われないと，需給を満たす線は，A国とB国それぞれの供給曲線と需要曲線の交点，それぞれ二つ別々の価格と量になる（点F，点G）。

　しかし，二国間で貿易が可能になるとどうなるか。早速，2か国は貿易を開始することになる。というのも，このB国では労働集約的な商品の価格（$(P_L/P_K)^1$）は割安で，これをA国で売れば，大いに売れるからである。やがて，A国の供給曲線は（$(P_L/P_K)^2$）から徐々に低下する。

　一方，B国の供給曲線は（$(P_L/P_K)^1$）から徐々に上昇していく。そして，最終的には点Eに価格と量は落ち着いていく。このようなメカニズムが自然に発生し，貿易は拡大するのである。こういう考え方が，ヘクシャー＝オリーンモデルと呼ばれている。

　「ヘクシャー＝オリーンの定理では，それぞれの国が持つ豊富な資源を集約して財を輸出することになる。しかも，貿易が行われると資源を使って生産した財の価格は，上昇する」というのが，インプリケーションである。

　例えば，比較的安定した賃金で働く豊富な労働者がいる中国は，労働集約的な製品を輸出するようになる。逆に，アメリカは，資本集約的な製品輸出に特化するようになっていく。その結果，中国の労働集約的な財の価格は次第に上昇する。そこで働く人々の賃金も引き上げられていく。これに対して，これまで稀少ゆえに高い価格で販売されていたアメリカの労働集約的な製品の価格は低下する。さらに，そこで働く労働者の賃金も引き下げられていくはずである。

　前述したように，リカードの議論の前提にある比較優位発生の源泉は，技術の違いによって発生する機会費用の存在にあった。

　では，ヘクシャー＝オリーンモデルでの，比較優位は何に起因して発生しているのか。生産要素である労働と資本の Endowment（賦存量）である。その賦存量の相対比は，ある国は労働が高く，ある国は資本が高い。この場合，賦存量から発生する比較優位を生かして貿易することで，両国はお互い豊かになれるのである。これが，経済学の理解する貿易に関する伝統的知見である。

　それぞれの国が，経済取引をする際に，与えられた環境がある。例えば，中国は人口が多く優れた働き盛りの労働者が豊富に存在する。また，アメリカには優れた金融システムが構築され資金の獲得が容易である。これは，我々にはいかんともしがたい賦存量の差である。この差が，中国には労働集約的な産業を発展させ，アメリカには先端的な技術に依存する資本集約的な産業を発展させる。その賦存量の差からくる比較優位が，貿易構造を大きく左右しているというのである。

　これは，ある程度納得する。アメリカでは，製造業の衰退が激しく進む中で，高い技術を有する労働者と，そうではない労働者で所得格差が深刻な程に拡大している。これは，まさに，貿易の結果として，製造部門の中でも低スキルの製品は海外からの輸入商品との価格競争に敗れ，衰退していったことと符号する。さらに，先端 IT 産業，特に，GAFA などの躍進とも符号するのである。

　ただし，この分野の専門の研究者，例えば Feenstra（2016）などは，ヘクシャー＝オリーンモデルを用いても，アメリカの現在の貿易問題や製造業の衰退は説明できない，と考えている。その根拠として，次のような理由をあげている。

(1) 資本集約型の先端的製品の価格は，この議論からすると，世界的に上昇していなければならない。しかし，実際にはそれほど上昇していない。

(2) 発展途上国では，やがて，製品がある一定の価格に収れんしていくはずである。しかし，そのようなことは確認されない。

(3) 発展途上国と先進国間の貿易量は必ずしも大きくはない。貿易が，スキルのある労働者とそうではない労働者とで所得格差を生むほどの大きな影響を有しているとは思えない。

4.4　オフショアリングと製造業

　アメリカの貿易取引は，90 年以降，変質した。特に，言及すべきは，オフショアリング化（offshoring）であろう。簡単に言えば，アイデアや企画はアメリカが，実際に製造するのは中国などほかの国が，というスタイルである。例えば，アップルの iPhone で，設計から販売戦略まで本社で行うが，実際の製造は中国などで行う。アップルは自前の工場を持たない分，身軽に製品のバージョンを変更したりできる。

　このオフショアリングが，アメリカの経済格差の原因にもなっているとの指摘もある。これを前述したヘクシャー＝オリーンモデルで説明してみよう。

　オフショアリング形式での貿易が拡大すると，豊富に存在するものほど，稀少性は薄れ，その価格は低下する。例えば，中国の人口は 14 億人で，労働力は豊富である。中国の賃金は安いことから，労働集約的な生産が可能になる。

　一方，アメリカは，技術や専門知識を有する人材の養成では世界的にも突出している。OECD のデータによれば，博士取得者数はアメリカが年間約 18 万人で，第 2 位のイギリスの 2 万人強を大きく上回る。

　さて，オフショアリング型の貿易取引が活発化すると，中国は単純労働集約型の生産を積極的に行い，この製品を輸出することになる。貿易が行われなければ，この単純労働者の賃金は低いままだが，この単純労働者が製造した製品は世界的に見れば安いので，活発に取引されることになる。前の図で説明すると，中国の供給曲線 SS で示されるが，この線が左上にシフトしていく。

　他方，アメリカは単純労働を利用した製品の生産で，中国に比べて価格面の競争力に劣る。つまり，made in USA の製品価格は徐々に低下し始める。これを図で示せば，供給曲線 S'S' は右下方にシフトし始める。そのプロセスで，アメリカの単純労働者の賃金は低下し始める。

　アメリカは専門知識を必要とする開発や経営戦略などの分野を担う人材は，多数養成し得る。そのため，オフショアリング化して，自国で開発したアイデアやデザインを，海外に積極的に輸出するようになっている。これについては後で触れる。

4.5　オフショアリングを測る

　ところで，オフショアリングは，実際にどのような傾向にあるのか。まず，オフショアリングの程度を測ろうとした研究に Johnson and Noguera (2017) がある。まず，輸出によって発生する付加価値をグロス輸出量で割った指数（輸出付加価値÷グロスの輸出量），VAX 比と呼ばれる指数を利用する。近年，アメリカの VAX 比は大きく低下傾向にある。例えば，オフショアリングによって，アメリカの製造業はより多くの生産を海外にアウトソーシングさせた。その結果として，例えばアメリカが輸出する完成品のパーツの多くが，海外製品に依存することにな

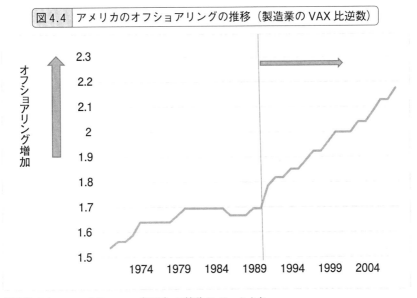

図4.4　アメリカのオフショアリングの推移（製造業の VAX 比逆数）

（出所）Johnson and Noguera（2017）の補論 D データより

る。そうすると，アメリカの製造業が輸出によって稼ぐ純利益（つまり付加価値）は減少していくことになる。

　この VAX 比の逆数（＝ 1 ／ VAX 比）は，製造業の海外へのアウトソーシング度，つまりオフショアリングの程度を示していると考えられるのである。彼らが作成したものを掲げる（図4.4）と，アメリカのオフショア化はかなりのハイペースで進んでいることがわかる。

4.6　貿易構造の変化とスクールプレミアム

　アメリカの貿易では無形財（intangible assets）取引が主力になりつつある。これを反映してサービス貿易は，世界 No1 の黒字国になっている。そもそも，オフショアリングが進むと，アメリカの単純労働者の賃金は低下する一方で，技術や専門知識を有する技術労働者の賃金は上昇することになる。

　実際，アメリカでは，スクールプレミアムが発生しているのは，この
ためではないかという議論もある。貿易取引とスクールプレミアムとの
因果関係について，専門家による意見は分かれているようだ。最近の研
究では，スクールプレミアムがオフショアリングから発生しているとい
う仮説は，支持されていない。

　結論から言うと，スクールプレミアムの原因はアメリカで進行した技
術偏重型の経済成長にあるとされている。技術偏重とは，技術や高度な
スキルを使った分野に，アメリカ企業は活路を見出したのである。実
は，第2章で述べた大卒と高卒以下の人々との3倍以上の所得格差，ス
クールプレミアム（学歴が高い分だけ高い賃金が支払われる）が発生したの
も，この技術偏重型の経済成長によると考えられる。

　Feenstra（2016）によれば，情報や在庫管理などの特殊な技術がアメ
リカで確立される中で，海外企業との競争力で劣位に立たされた製造業
はオフショアリングを選択せざるを得なかったのである。

　アメリカ製造業は，生産部門を積極的に海外に移転するが，戦略・開
発研究などの非生産部門はアメリカ国内で行う，こういう形でアメリカ
の製造業のオフショアリングは進行した。これがどのようなインパクト
を持っていたのか。図4.5は，2000年～2017年の生産部門（ブルーカ
ラー）と非生産部門（ホワイトカラー）の賃金および雇用データを加工し
ている。賃金，雇用は，相対賃金（非製造業部門賃金／製造業部門賃金），お
よび，相対雇用量（非製造業部門就業者／製造業部門就業者）である。まず，
相対賃金が高い程，専門知識を有する技術職の給料が上昇していること
を示している。また，相対雇用量が上昇するほど，非生産部門の雇用が
増える。

　アメリカの製造業が絶頂期にあった1950年代から，次第に生産部門
の雇用は減少し続けているのである[3]。

　特に，製造業のオフショアリングが推進され，生産部門が海外に委託
されるようになってからは，高度な知識やスキルを持った専門エンジニ

図4.5　非製造部門の雇用と所得

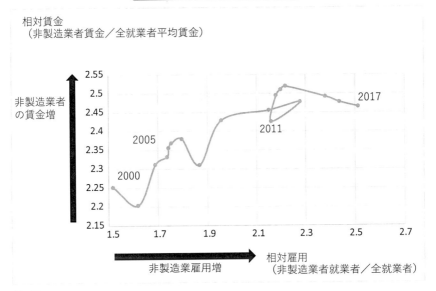

（出所）Census

アやマネージャーが企業戦略，開発を国内で行い，実際の生産は海外に
シフトした。

　その結果，生産部門 ⇒ 非生産部門への雇用シフトが発生する。この
図4.5では，2000年以降，現在の足元でも，高度技能人材への企業
ニーズが高まる中で，非生産部門の雇用は生産部門の1.5倍程度であっ
たが，2017年には2.5倍にも拡大している。それと同時に，専門人材
の年間所得は生産部門の2倍に達している。実際，生産部門従事者の平
均年収は4万ドル程度だが，コンピュータなど情報関連の高度スキル人
材の平均年収は900万円を超える水準に達している。

　ただし，こうした高度スキル人材への超過需要状態にもかかわらず，
賃金の上昇は比較的緩やかに抑制されてきた。特に，2008年のリーマ
ンショック前後からあまり変わらない水準で推移している（2.1～2.5）。
これは，高度スキル人材として外国人が積極的に活用されたからである

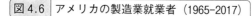

図4.6　アメリカの製造業就業者（1965-2017）

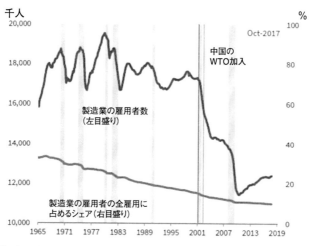

（出所）米国大統領白書 2018

が，改めて，第8章で論じたい。

　とりあえず，この話のまとめとして，アメリカの製造業の全雇用者数に占めるシェアを確認しておこう。2018年の大統領経済白書からとったものだが，製造業の雇用は，長期的にシェアを低下させている（図4.6）。しかも，統計のとり方によるが，2018年大統領白書では20％水準としている。資料によっては，10％を切る水準に達しているという報告もある。こうした変化は，アメリカ経済にいくつかの構造変化を引き起こしている。この図でも，2000年頃から，加速度的に製造業の雇用シェアは低下している。大統領経済白書では，この契機になったのは，中国がWTOに加盟し，輸出を急拡大させた時期に符合すると，主張している。

　ところで，この影響は，地方の産業により深刻であった。特に，問題であったのは，アメリカの社会経済に対する分断効果があったことである。

　Autor et al.（2013）は，中国による製品輸出の急拡大が，アメリカ経

済に深刻な影響を与えているとしている。こうした研究者が指摘するのは，アメリカの製造業へのダメージが，中西部に集中していることである。赤さびた生産設備に象徴されるデトロイトなど，ラストベルトと呼ばれる五大湖周辺の地域，および，サンベルトと呼ばれる地域である。これらの地域は，製造業の経済的ウエイトが高かった分，産業内，産業間の構造調整によって，大きなインパクトを受けてしまった。内陸の地方は海岸部の都市部以上に，産業構造の変化に伴う影響が深刻であったのである。

　その分，これら内陸部の地方政府は社会保障費の増額など財政を悪化させていった。これも後述するが，アメリカの場合，中央と地方の行政上のさまざまな島分けがある。これは，連邦国家として，各州や地方政府の自治を維持する上で必要なことであると考えられている。その分，一旦，地方政府が財政的に苦境に陥っても，連邦政府が直接に介入することは簡単ではない。極端な場合，放置される。経済的要因が，地域間の経済格差を拡大させ，国家の分断を引き起こしている。ニューヨークやシリコンバレーなどの都市部に住む高スキルを有する人達と，今まさに潰れようとする企業に勤める製造業労働者とで，あまりに置かれた環境が違うのである。その結果，政治や社会問題への意識が大きく違う結果となってしまった。国家が分断されているというが，その分断は従事する仕事の質，所得格差，あるいは，学歴差，で分断されている，と言っても過言ではない。

　最後に，貿易のサービス化について触れたい。アメリカは対外的経済取引では赤字国であると説明されると，多少，違和感がある。アメリカは，優れた技術を使って，映画の販売権，技術特許の使用料などの国際取引で，世界No1の国の地位を構築している。

　サービス財という明示的に捉えにくいソフトな国際的経済取引では，世界最大の黒字国なのである。これを貿易のサービス化と呼ぶ。この点を国際収支表からサービス収支を抜き取って図示してみた（図4.7）。

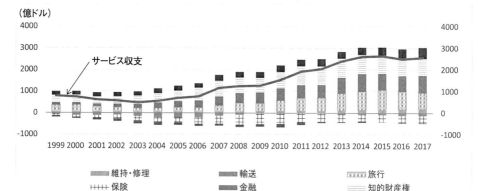

図4.7 アメリカのサービス収支とその内訳

（出所）BEA

サービス収支は 2,500 億ドルを超える黒字となっている。内訳をみる
と，旅行サービス収支と知的財産権サービス収支が，それぞれ 700 億ド
ルを超える黒字となっている。特に，知的財産権サービス収支では，コ
ンピュータソフト使用料，映画配当権，特許権使用料など，アメリカが
開発した無形の知的財産の使用権を海外に販売している。

【注】
1） 2018 年 3 月，アメリカ政府は中国の輸出鉄鋼品への関税の引き上げを発表し
た。
2） マクロ経済学では，労働を人的資本，土地や建物などを物的資本と言い，若
干，意味合いも異なってくる。基本的な考え方は同じだと考えてよい。解説は
章を改めてすることにする。
3） データはアメリカ労働省の雇用データを利用した。非生産部門は，マネー
ジャー，金融，コンピュータおよび数学，物理化学等および医学を含むサイエ
ンス，都市計画および建築設計などの分野に従事する者とした。生産部門従事
者は，原データにある生産部門の従事者とした。

第5章
需要を担う家計と住宅保有

5.1 マクロの循環

5.1.1 経済に内在する不安定性

　経済学の基本としてのマクロの循環を復習しておいた方が，議論の見通しがよくなると思われるので，解説する。ケインズ経済学と新古典派的な発想の違いが，どの辺にあるのか理解して欲しい。この発想の違いが原因となり，政府の在り方や，政策について，正反対になってしまうこともあるからである。さらに，この章で論ずる家計消費の重要性も，当然に思えてくる。最初の説明で，登場する経済の担い手は二人である。つまり，物を作る生産者（企業）と，それを消費する消費者（家計）である。実際の経済には，さらに，政府や外国も存在するが，とりあえず，家計と企業の経済学上の位置づけを理解しよう。また，説明の後半に，金融機関を登場させる。

　まず，財や資金の循環をイメージできるようにする。企業で生産された財は，家計が購入し消費に充て，さらにこの購入資金は企業へと還元していく。このことを説明しよう。例えば，企業が100を生産し，その100の生産に関わった労働者に対価として賃金100を支払うとする。この家計は，その受け取った賃金100を使って，企業が生産した財100を購入する。購入した資金は，再び，企業に還元する。また，経済学で

は，労働者は，時に，消費者にも，カメレオンのように変身できる。

　次に，経済が発展し，技術力を付けた企業は効率的により多くの生産ができるような状態になり，当然，家計部門への支払賃金も増える。これを再び単純な例で示すと，企業は1000の生産をするが，それを家計に賃金1000として，支払い切ってしまうものとする。ところが，家計はその所得をすべて消費に回すのではなく，一部は貯蓄に回すようになる。例えば，貯蓄200を貯め，残りで財800の消費に充てるのである。この場合，企業による供給は1000，一方，消費者の需要は800となってしまう。つまり，供給＞需要というデフレーションの状態である。

　ところで，どうしてデフレが発生してしまうのか。実は，経済発展による効率的で大規模な供給が，デフレという不況を引き起こす不安定性を内在させているからである。このことに，ケインズは気づいていた。

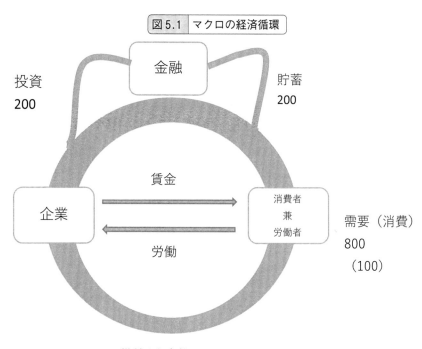

図5.1　マクロの経済循環

投資
200

金融

貯蓄
200

賃金

企業

消費者
兼
労働者

需要（消費）
800
（100）

労働

供給（生産物）　1000
（100）

豊かになると，経済はデフレという厄介な不安定性を抱え込むというパラドックス，実に興味深い。

　供給＞需要というデフレ状態に陥りやすいことを，ケインズ登場以前の経済学者はどのように考えていたのか。実はケインズ登場以前の経済学者は，セイ法則と呼ばれる法則を公準（議論の始めに，前提として受け入れるべき法則で，この法則の妥当性は問わないことにするという約束）としていたため，深刻には捉えていなかった。

　セイ法則の下では，「供給が需要をつくる」が機能する。企業側が供給さえすれば，やがて自然に需要がそれに追いついていく。これを信じる経済学者を古典派と呼ぶことがあるが，セイ法則を前提とすれば，超過供給であっても市場メカニズムが働く限り，需給ギャップは自然に解消する。さらに，自然にこのアンバランスな状態が解消しないとすれば，その原因は市場メカニズムの作動を妨げる市場規制や制度にあるとも主張した。

　ケインズは，この「供給が需要をつくる」という公準の存在を強く否定したが，その理由は，突き詰めれば，彼の人生観によるのであろう。ケインズは，人生は短く刹那的であるという意識を持っていた。この調整に要する時間が，案外，常人には耐えられないほど長いと考えたのである。不況で生まれたある世代の人間が，一生不況のままで人生を終えてしまう。逆もまたあり得ることになる。こういう状況に陥ったら，自分たちでその状況を変更しなくてはならない。そのためにこそ，政府はあると，考えたのである。

　では，過小需要に陥ったら，具体的にどうするのか。我々が，有効需要を作り出すのである。有効需要は，足りない需要部分である。ただし，この有効需要は，特に，経済が疲弊すると経済の自力メカニズムでは作り出せない。つまり，経済が不況に陥ると容易には需要不足を解消できないのである。この場合，政府が有効需要を作り出すことをしなければならない。そう主張したのである。

5.1.2　金融の重要性：「漏れ」としての貯蓄と金融機関

　注意深い読者は，経済が本質的に不安定であるという前節での議論に，投資が登場していないことに気が付いたはずである。実は，発生した貯蓄が，やがて投資になることで，マクロの経済像は完結する。生産者と消費者との財とお金のやり取りから発生する循環は基本である。貯蓄とは，この循環からの「漏れ」なのである。

　この「漏れ」は，やがて，金融（機関）に流れ着くことになる。金融機関は入った資金を，再び投資資金として企業に貸し出すことで，この循環に押し出す役割を果たすことになる。金融機関が勢いよくマクロの循環に資金の再投入を行い，投資に勢いがあれば，経済は活況を呈することになる。よく考えると，需要は消費と投資を足した合計で，投資が行われている限り，需要と供給は事後的には必ず成立する。この場合，セイ法則が成立するか否かという議論は，あまり意味が無いように思われる。

　逆に，金融機関がもたついてしまえば，経済は鈍化してしまうのである。19世紀後半以降，成長した経済にあっては，金融機関は経済循環の「漏れ」としての貯蓄を吸収し，それを再び経済循環に還流させていく機能を果たしてきた。こうした機能が最初に深刻な試練に直面したのが，1929年の世界恐慌であったのである。

　また，最近の研究でも，金融が経済を加速させる加速器のような役割を果たすことを，専門家は金融・アクセレレーターと呼んで大変注目している。この分野は，プリンストン大学教授の清滝信宏氏などがパイオニアであり，まだ相当に時間がかかるであろうが，我々が直面する深刻な不況について，経済学はそのメカニズムを解き明かす時が来ると，私は確信している。

　本題に戻ろう。金融機関に入った貯蓄だが，その貯蓄部分がそっくりそのまま自国の投資に向かうとは限らない。一部は，海外に資本として流出するからである（逆に，貯蓄よりも投資が多い国はどうであるかは読者が

考えて欲しい)。つまり，貯蓄超過（貯蓄＞投資）なら，自国から海外にお金は流れることになる。何か惜しいような気がする方もいるかもしれないが，実はそうではない。海外に資金が出ることは，経済的に大いに意義があるからである。

5.1.3　国際資本移動のメカニズム

　さらに解説する。ここから，少しレベルが高くなるので，注意して読んで欲しい。初読では，飛ばして頂いてもよい。ただ，次章以降の議論とも関連してくるので，その準備として説明する。貯蓄・投資で貯蓄＞投資であれば，その差は海外に流出する。流出した資金は，実は，わが国の製品を外国が購入する資金源になる。これは，第6章で述べる財政収支と貯蓄投資バランスの合計が純輸出に等しいということを，言葉で説明しているだけである。しかし，もう少し議論を発展させ，なぜ貯蓄・投資のアンバランス分は海外に流出し国際金融取引に利用されるのか考えてみよう。

　経済発展によって金融深化（金融制度が整備されること）すると，家計は消費需要を手控え，貯蓄に回すという議論をした。つまり，貯蓄は獲得した要素所得（賃金）を，現在の財の消費に充当するのではなく，未来の財の消費に回している。つまり，貯蓄していることに他ならない。

　さらに，生産された財の一部は，国内で消費されず，どうなるのか。我々が生産したものは消費にも投資にも回されることなく，朽ちてしまうのか。そうではなく，海外に輸出され海外で消費される。つまり，海外に輸出するほどの余りがでるケースでは，同時に，我々が貯蓄に回した資金が海外に流出し，海外の人がその資金を使って輸出品を購入してくれる。

　このような国際金融や貿易の捉え方は，かなり斬新で難しい。どうであろう，理解できたであろうか。これまでの説明を要約すると，我々が貿易黒字であるということ，そしてそれは同時に海外に資本を流出させ

ているということを伴っているので，海外に貯蓄をしているのと同じ効果を持っている，ということである。1970年代〜80年代にかけて，日本の貿易黒字は巨額となり，アメリカとの間に深刻な貿易摩擦を引き起こした。

　しかし，それ以降，トランプが登場するまで，貿易黒字が深刻で問題だと主張する声は，ほとんど聞かれなかった。貿易黒字には，将来の資金不足による取り崩しに備えた貯蓄という面がある。つまり，将来，日本も中国も，この貯蓄を取り崩し，自国のために利用せざるを得ない時代が来るということでもある。中国の貿易黒字も今だけのこと。結局，貿易によって最も恩恵をえるのはアメリカだ。このように，経済学者の多くは，考えている。

5.2　景気循環における家計の重要性

　経済循環の振幅は，家計の行動が大きく影響している。GDPの寄与度で使った表2.1で，経済成長と寄与度を再確認しておこう。図5.2は，前掲の表2.1を図にしたものである。経済循環に占める消費の比重が最も大きく，例えば2017年の経済成長は2.3％であったが，そのうち個人消費の寄与度は1.88％にも達している（図5.2の積み立て棒グラフ▬▬▬の所を確認）。そこで本書は家計消費の振幅が，リーマンショックの前後で収縮した背景として，家計部門の住宅保有インセンティブが大きく関わっているのではないのかという視点で議論を深めていきたい[1]。

　ところで，消費の担い手である家計部門について，特徴的なことは，中間層〜下位層のDebt（負債）の増加傾向である。Debtはデットと発音し，ビジネスでは負債ではなく，デットという言い方をする人が増えつつある。

　Mian and Sufi（2015）は，リーマンショック発生の原因として家計の負債保有が加速したことに注目した。彼らは，特に，低所得階層の債務

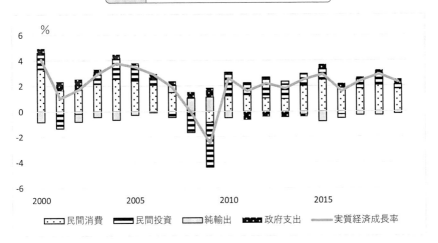

図 5.2　アメリカの実質経済成長率と寄与度

（出所）U.S. BEA

　増が，リーマンショックによる景気の後退と，その後の回復の遅れの背景にあるとした。低所得層の負債負担を，どのように捉えていくのか，そしてまた，何故に家計の負債は加速したのか，考えてみたい。

　ところで，リーマンショックの原因は，金融レバレッジが効きすぎていたことによる。そもそも，レバレッジとは何か。少ない力で，重いものを持ち上げるのが梃子（－レバレッジ）の原理のイメージで，少ない手元資金で，大きな資産を持ち上げることである。アメリカの家計部門についても，このレバレッジが効いたことで負債が拡大した。これを確認しよう。とりあえず，金融レバレッジの詳しい説明は後回しにする。

　Survey of Consumer Finances は 1989 年以降の家計部門の資産・負債を報告している。Wolf（2014）はこのデータをもとに推計しているが，2016 年の家計部門の平均負債は 9 万 5 千ドル，そのうち，7 割以上が住宅保有のための負債であるとしている。一方，家計部門の資産を評価すると，家計の約 6 割が住宅である（2013 年 Census データ）。アメリカの平均的な家庭では，居住目的の住宅は最大の負債であり，かつ，資産なの

である。

　家計は，住宅の保有によって，巨額の負債を負う傾向にある。特徴的なことは，その負債額（残高であることに注意）が 2000 年以降，加速したことである。図 5.3 は，アメリカの負債／可処分所得と S&P ケース・シラーの住宅価格指数（S&P/Case-Shiller Home Price Index）をとったものである。この図が示しているように，家計部門の負債／可処分所得の比率は 2000 年頃から拡大し始める。

　リーマンショックの発生直前まで，家計の住宅保有意欲が高まり続け，それと並行して，住宅価格が上昇した。まず，図 5.3 を注意深く観察すると，2000 年〜2005 年にかけて，家計部門の負債／可処分所得が拡大すると，しばらくして住宅価格が上昇する傾向にあることが確認される。

　さらに，この家計部門の負債／可処分所得比率は 2005 年頃にピークアウトした。数年のラグを伴いながら，今度は住宅価格が急激に低下している。Mian and Sufi（2015）は，家計部門への金融機関による住宅向

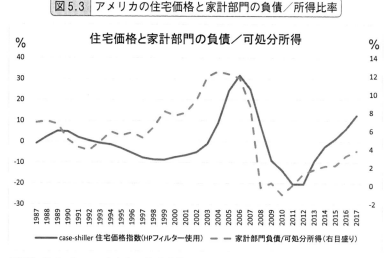

図5.3　アメリカの住宅価格と家計部門の負債／所得比率

（出所）U.S. Census をもとに筆者計算

けローンの拡張が，景気循環の波を大きくする要因になっていると指摘する。この議論は，現在のアメリカのマクロ経済学の大きな論点の一つになりつつあると言ってよい。

　同じような議論は，Reinhart and Rogoff（2009）が論じている。不動産価格の上昇がバブルを引き起こし，さらに，過剰な住宅価格上昇は必ず大きな価格調整を引き起こすことで，経済に深刻なリセッションを引き起こす。これは，アメリカに限らず，世界的に確認される，というのが彼らの主張である。

　ともかく，なぜ，家計部門は負債を拡大させたのか。

　FRB が毎月発表する家計部門の負債／可処分所得比率は，1980 年以降，平均 11.3% で推移していた。しかし，それがリーマンショックの直前の 2007 年には 13.8% にまで拡大している。しかも，この比率はリーマンショック以降，低下していたが，ここ数年，再び拡大する様相を示しているのだ。

　90 年以降，アメリカが経済成長を大きく加速させた要因の一つとして，何らかのアクセレレーター，つまり，加速器のようなものが経済に作用したのではないかという考え方がある。前述した，清滝らは，金融取引にアクセルがあると考えている。

　さらに，アメリカの実態を見ると，経済を必要以上に加速させ，その分大きな景気後退を招いた原因には，金融取引が関わっている。1970 年以降，アメリカでは，さまざまな金融の規制緩和が行われた。この規制緩和が金融のアクセルを加速させたことは，家計部門の住宅購入による負債急増からも十分読み取れる。

　オバマ政権は，リーマンショック直後の政権であったため，こうした行きすぎた金融規制緩和を見直そうという姿勢であった。トランプ政権は，まったく正反対に，再び金融の制度的自由化を推進しようとしている。金融規制の再緩和の動きを，金融機関は歓迎しているが，専門家は懐疑的である。

5.3 負債増加と格差の連動

5.3.1 所得別の金融資産蓄積

　家計部門の住宅関連の負債がリーマンショック前に拡大したことを論じた。そこで，この負債拡大の詳細を，調べてみたい。アメリカのセンサス統計は，家計部門を所得階層別に5つに分類し，その特徴を報告している。その中で，階層別の負債の量を公表している。手元にある2000年以降でみると，負債は第4，第5分位の下位層で最も拡大しているのである（図5.4）。

　負債の拡大には，どのような要因が働いているのか。特に，下位所得層で発生した負債の急拡大は経済にどのようなインパクトがあったのか。図5.4を使って，観察してみよう。

　(1) まず，過剰な不動産投資によるバブル，その後の深刻な不況が発生するリスクが高まることである。特に，低所得者への金融機関

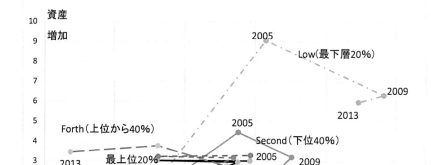

図5.4 アメリカの所得階層別の負債，資産（2000年を1とする）

（出所）U.S. Census

の融資は，貸し出した資金のデフォルト（Default；貸倒れ）を引き
起こす可能性があり，そのデフォルトの連鎖が深刻な金融危機を
生む可能性である。

(2) 2000年以降の負債の増加は，特に低所得層で著しい。ここで最
下位層20％および下位層40％を，低所得層と呼ぶことにする。
先行きが不透明になれば，資産の一部を売却して負債の軽減を機
敏に行うことができる。しかし，十分な流動資産を保有しない低
所得層は，負債のレベルに応じた圧縮が必ずしも容易ではない。
低所得層の負債調整能力が十分ではないことを，図で確認しよ
う。低所得層の負債は2005年以降も，かなりのペースで拡大し
続ける。負債の縮小が確認されるのは，2013年になってからで
ある。ところが，所得上位層は，2005年以降負債を拡大させて
いない。

(3) 所得上位層の資産の変動に注目すると，2005年以降，まったく
減少していない。一方，低所得層の資産は，2005年～2013年の
間にほぼ半減している。

(4) 負債を機動的に整理し回復局面になれば投資活動を再開しうる高
所得者と，ローン返却が重くのしかかる低所得者とで所得格差
が，一層深刻に拡大する。

要約すれば，所得層の違いによって，リーマンショックに対する反応
が，大きく違っていたのである。

ところで，家計の負債増が，景気循環にインパクトを与えたという議
論を確認しておこう。前述したMian and Sufi（2015）は，低所得層の負
債増加がビジネスサイクルに少なからず影響していると主張している。
前述したように，2008年リーマンショック時に，景気の急速な縮小が
発生した。この原因の一つは家計部門の消費が低下したことである。こ
れはGDP成長率への個人消費支出の寄与度からも確認される（表2.1や
図5.2によれば2008年は寄与度は－0.23％，2009年は－1.08％）。また，その

回復に3年以上の年月を要したのも，消費の回復が思うようにならないことが，少なからず影響している。

　特に，消費の限界的な変化には，高所得層より，むしろ中〜低所得層の消費が重要である[2]。実際，所得階層別の資産・負債の関係を見ても，高所得層は2008年のリーマンショックに対して，機敏に負債を整理し，資産価格の低下に伴うネット資産の目減りを減らすことに成功した。一方，低所得層はリーマンショックが発生しても，負債の整理には手が付けられず，むしろ負債を拡大させる方向にあったのである。それが，その後のさらなる不動産価格の低迷に伴う負債整理を苦痛で容易ならざるものに，低所得層を追い込んでいった。

　また，2000年以降，銀行が低所得層への住宅ローンを拡大させ，次節で説明する金融レバレッジを高めることで，家計部門の負債を急激に拡大させてしまったことに問題がある。そもそも，なぜ，銀行は低所得者への住宅ローンを，2000年以降，急拡大させたのだろう。また，その資金は，どこから来たのであろうか。

5.3.2　異論；金融危機と所得階層ごとの影響の違い

　この小節を使って，少し異なる論点を提供してみたい。

　金融危機に対して，家計の所得階層によって対応が異なったことを，データを使って説明した。金融危機によって最も深刻な影響を受けたのは，低所得の家計であったのである。これが，アメリカ経済の格差を一層深刻化させた面があると論じてきた。ここで，余裕のある読者に別の視点を提供したい。アメリカでのリーマンショック発生から，回復までの長さである。1990年以降，日本もバブル崩壊に苦しんだ。ところで，日本に比較してアメリカは，3〜4年程度の比較的短期に金融危機のショックを克服した。

　リーマンショックに対するアメリカ連邦準備制度理事会（Fed アメリカの中央銀行である Federal Reserve Board は，Fed と呼ばれる。ただし日本の報道

機関は FRB と言うのだが，同じであることに注意してほしい。）の対応に，賛否両論の評価がある。ただし，日本のような不毛の 20 年という深刻な金融崩壊には至らなかった。これはなぜなのか。実は，2008 年の金融危機に対して，アメリカの家計部門が比較的，合理的にショックを吸収しえたから，ではないだろうか。

まず，図 5.4 に示したデータで確認できることは，家計部門の上位層ほど，リーマンショックの発生に対する負債の圧縮行動は迅速であったことである。例えば，所得階層別の資産・負債の調整行動を観察すると，上位から二つの層で全体の 6 割以上，中間層まで含めれば，資産負債全体の 85％程度を占めている。この中間〜上位層は資産の大半を占め，かつ，リーマンショックに対して，負債を迅速に圧縮している。つまり，アメリカの家計部門の 85％は，金融危機のショックを数年で吸収してしまった。適切な表現ではないかもしれないが，所得格差のおかげで，アメリカは危機への耐性を発揮できたのである。

興味を持ったので，同じような視点で日本のバブル崩壊前後の家計の

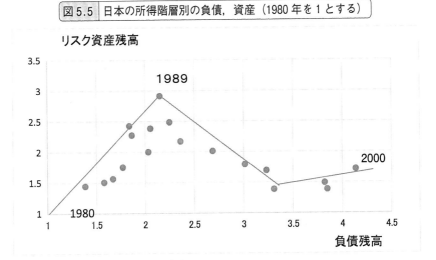

図 5.5　日本の所得階層別の負債，資産（1980 年を 1 とする）

（出所）総務省統計局貯蓄動向調査報告

資産・負債の動きを追ってみた。残念なことに、日本では所得階層別の資産・負債データを長期で追うことはできない。あくまで平均的な姿しかわからないのだが、それでもアメリカとの違いは歴然としている。日本の場合、バブル崩壊以降も、負債の圧縮はまったく進んでいない（図5.5参照）。バブルが崩壊した1990年以降に資産は目減りしたが、負債は拡大し続けている。もし仮に、その後の日本の長期不況を事前に知っていれば、我々は資産の減少が発生した時点で負債も圧縮するような行動を選択したはずである。しかし、家計部門の負債は拡大する一方で、その中で、日本の個人消費は長期にわたって低迷したのである。

5.4　金融のイノベーションと低所得者層へのローン拡大

　前節で論じた、なぜ、アメリカの金融機関は最貧層へのローンを拡大させたのか。この疑問に、答えるとしよう。低所得者であれば、倒産（デフォルト）確率は高く、金融機関にとっても、ローンの拡大は躊躇せざるをえないはずだからである。この制約を低下させるように作用したのが、1980年代以降、本格化したセキュリタイゼーション（証券化）と呼ぶ金融の技術革新（イノベーション）である。金融機関、特に、アメリカの銀行は、最も競争の激しい産業である。いかにすさまじいか。米国の金融システムに市場メカニズムが導入され、レギュレーションQ（自由な金利の設定を禁止する規制）が撤廃された1970年代以降、激しい競争と勝者が敗者を飲み込む統廃合が続き、その数は7,000件を超える。最後に残った最有力の銀行の一つが、第1章で紹介した、あの幌馬車運行会社から転身したウエルス・ファーゴだというのは不思議だ。

　ところで、なぜ、銀行は最貧層へのローンを拡大させたのか。それは、端的に言えば、「そもそも絶対不可能なことを、できると思いこんだ」としか言いようがない。図5.6は、説明を簡単にするために単純化した銀行のバランスシートである。銀行は、自分の手元にある自己資金

| 図5.6 | アメリカの金融イノベーションとは何か |

効率性；金融レバレッジを高める
安全性；自己資本比率を高める

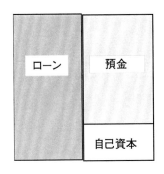

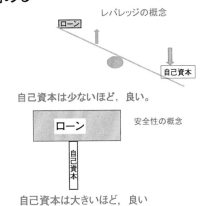

レバレッジの概念

自己資本は少ないほど，良い。

安全性の概念

自己資本は大きいほど，良い

　と，預金を原資に，ローンとして貸し出すことで，利益を稼いでいる。これを，図のバランスシートは示している。もちろん，実際はこんな単純な銀行は存在しない，イメージに過ぎない。しかし，ここでの話のエッセンスを理解するには，これで十分である。

　銀行は，一般企業同様，収益性，効率性に加えて，さらに，健全性とか安全性もそれと同等か，それ以上に求められる。一般企業より，さらに高い責任が求められ，フィデューシャリーと呼ばれる。これは難しい概念だが，かなり高いレベルの信認，とでも言えばよいのであろうか。金融機関がこの信認を破るようなことがあれば，顧客は命にも関わる損失を被るかもしれない。金融機関は，それ程，重大な責任を負っている。ともかく，効率性と安定性の二つの目標を求められていることを強調したい。

　では，効率性とは，具体的にどのようなものか。図5.5を使って説明すると，効率性とは前述した金融レバレッジを高めることである。金融レバレッジ，つまり，金融の梃子とは，できるだけ小さな自己資本で，

できるだけ大きな資産であるローンを持ち上げることである。それを単純に示せば，自己資本という力を下向きに加えることで，できるだけ大きなローンを持ち上げることである（図5.5のレバレッジの概念）。

　一方，安全性は，ともかく保守的に運用することだ。ローンがデフォルトした場合，銀行のバランスシートは毀損し，経営にもマイナスの影響が出てくる。このような場合に備えて，自己資本を充実させ，いざという時に備えるべきである。これを示しているのが図5.6の右下で，ここでは自己資本という柱で，ローンを持ち上げているというようなイメージを描いている。持ち上げる柱は，太くて頑強な方がよい。つまり，自己資本は多い程よい。効率性と安全性という二つの目標は，まったく矛盾している。安全性（効率性）を重視すれば，効率性（安全性）はある程度犠牲にしなければならない。これが，従来の銀行経営の壁でもあった。

　ところが，1980年代ごろから，この壁が金融業界での画期的なイノベーションで，取り払われたのである。正確に言えば，画期的なアイデアでこの矛盾は解消されたと錯覚したのである。セキュリタイゼーション（証券化）である。詳細は第9章に譲るが，簡単に言えば，ローンを細かく切り分けて，第三者に証券として売却してしまうのである。ローンを売ったら銀行には現金が支払われる。現金なら，かなり安全な資産となるから，安全性は大いに改善する。大きなローンが証券化によって，小さくなっていくと思ってもらえばよい。

　銀行は，この技法を使って，積極的にローンビジネスを展開できるようになった。この従来の壁が，証券化で取り払われたので，銀行は住宅ローンを積極的に提供し，それを遅くとも1年以内には証券化して，第三者に売却してしまう。これをオフバランス化というが，そうすることで，たとえローンにデフォルトが発生しても，銀行への直接の影響は回避されるようになったのである。

　しかし，結果的に言えば，これは幻想にすぎなかった。第三者に売却

し銀行にはまったく関係なくなったはずのローンが，デフォルトを起こしてくると，最初にローンを組成した銀行の責任が問われる事態となったのである。特に，景気の上昇局面では問題が表面化することはなかったが，やがて，景気の下降局面の中で次々とローンのデフォルトが発生する。いくつかの経緯があったが，最終的には，証券化の原資を提供した銀行が，そのデフォルト分を肩代わりせざるをえなくなった。ここに至り，銀行のバランスシートそのものが棄損することになり，金融危機に陥ったのである。これがリーマンショックである。

　なぜ，中〜低所得者の住宅ローンが拡大する一方であったのか，が理解できたであろう。証券化というイノベーションを過信した銀行業が，営業戦略として，これら階層の個人の住宅ローン取引を拡大させたからである。驚くことに，リーマンショック以降でも，この戦略は消えてはいない。形を変えて，むしろ本格的に取引されている。

　ところで，トランプ政権下では，銀行規制緩和が議論され，実行された。オバマ前大統領は，証券化を利用した銀行ローンの拡大を規制（ボルカー規制）してきたが，これを撤廃したのである。トランプ政権は，なぜ金融業へのテコ入れを本格化させたのか。この点は，アメリカの国際金融システムにおける位置づけを理解しなければならないので，9〜10章で解説する。

【注】
1）　家計の消費・貯蓄行動と住宅取引には強い関係があることは，経済学が大いに認める所である。しかし，残念ながら，そのメカニズムは証明されていない。それを承知の上で，議論している。住宅ローンが家計部門の資産・負債に深刻な影響を与えると考えるのはどちらかというと，ケインズ経済学に近い問題設定である。恐らく，第8章で触れるRBC（リアル・ビジネス・サイクル）学派は認めないであろう。
2）　投資乗数は，マクロ経済学の教科書を参照されたい。投資乗数は1／（1－c），ただし，cは限界消費性向（0＜c＜1）と表わせる。家計部門が消費意欲を低下させると限界消費性向cが低下するので，分母が大きくなり投資乗数そのものは低下する。

第6章

アメリカの財政と政府の役割

6.1 地方自治と連邦政府

　本章は，財政という視点からアメリカ経済を考察したい。特に，本章の前半では地方経済を意識しながら，政府の果たす役割を論じる。

　地方の自治を尊重するアメリカでは，連邦と地方で行政上の住み分けが明確である。中央政府つまり連邦政府が，直接的な影響を及ぼすことができない領域が存在する一方で，外交と軍事は連邦政府の専担事項である。なぜ，歴代の大統領が，アメリカ経済の構造変革期に，外交政策，特に，通商政策にバイアスをかけた政策をとろうとするのか理解できるであろう[1]。この点は，後に解説する。

　アメリカは，地方自治が確立されているともいえる。これは日本の財政問題にも投影しえるような議論でもある。例えば，東日本を中心に消滅すると危惧される日本の地方都市の問題にも，応用可能な議論のように筆者は感じている。まずは，オーソドックスに読者の学習効果を高め，アメリカの財政を理解するために，財政収支バランスと対外収支バランスとの関係から議論を始めることにする。この方が，我々外国人が，アメリカの財政問題を理解する上でわかりやすいはずだ。

6.2 財政収支バランスと貯蓄投資バランス

　財政収支は，経済においてどのように位置づけられるのか。マクロ経済学の議論では，対外収支バランス（輸出－輸入）が民間の貯蓄投資バランス（貯蓄－投資）と政府部門の財政収支バランス（税収－政府支出）の合計となることを示している。

　つまり，

対外収支バランス（輸出－輸入）

＝民間貯蓄投資バランス（貯蓄－投資）＋財政収支バランス（税収－政府支出）

$$(6.1)$$

　と表される。この式は，初歩的なマクロ経済学の式であるが，マクロの経済動向を知る上で便利な式である。本書では何度も登場する。例えば，財政赤字が深刻化する事態は，対外収支バランスが赤字化することと密接に関連している。また，民間貯蓄投資のバランスが崩れて，家計部門の貯蓄が減少するようなことがあれば，その国の対外バランスは赤字化することも懸念される。

　ただし，この式は原因と結果を示しているのではないことに注意が必要である。この式を使って，財政収支バランスが大幅に赤字化していることが原因で，対外収支バランスが赤字になっていると結論づけてしまうと，必ずしも正しいとは言いきれない。というのも，そういう関係が成立するには，少なくとも貯蓄投資バランスが一定で変わらないという条件が必要になってくる。

　ともかく，この式に当てはまるように，GDP データを加工してみよう。図 6.1 は GDP 統計をもとに，60 年代～2010 年代まで 10 年間ごとの平均で，貯蓄投資バランス，財政収支バランスを計算してみたものである。左辺の対外収支バランスにあたるものは，図 6.1 では経常収支赤

字（黒字）に対応する。

　60年代はプラス0.6%であった経常収支黒字は，2000年代には−4%を超えるまで赤字幅を拡大させている。この経常収支の動向と，民間貯蓄投資バランス，あるいは財政収支はどのように関係しているのだろう。図6.1の下段のグラフで，民間部門（家計と企業）の貯蓄投資バランスを計算してみると，2000年代，貯蓄投資バランスは一時赤字に転じている。(6.1) 式にあてはめようとすれば，民間貯蓄投資バランスは家計部門と企業部門の貯蓄投資バランスの合計となる。対応する上の表を見ると，家計の貯蓄投資が1980年代から2000年まで，徐々に低下する一方で，企業の貯蓄投資バランスが大きく投資超過であったことがわかる。さらに，財政収支バランスについても，赤字幅は一時改善するもの

| 図6.1 | 対外収支バランスと貯蓄投資，財政収支（GDP比率） |

（単位；%）

	1960s	1970s	1980s	1990s	2000s	2010s
経常収支赤字（黒字）	0.60	-0.18	-1.75	-1.25	-4.41	-3.15
家計部門貯蓄投資バランス	10.07	11.52	11.83	10.36	9.45	13.53
企業部門貯蓄投資バランス	-6.11	-7.30	-8.69	-8.36	-8.56	-7.78
財政収支バランス	-3.70	-5.30	-6.02	-4.63	-5.09	-7.50

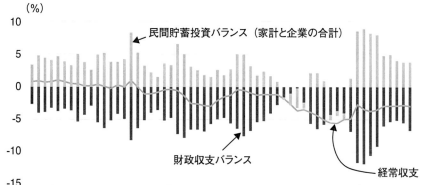

（出所）U.S. BEA
上段の数値は各年代の平均であるのに対し，下段の図は各年の数値をもとに描いている。

の，2008年のリーマンショック以降は再び高水準の赤字を維持している。アメリカの経常収支赤字の拡大の裏で，企業の堅調な投資活動と，政府部門の財政支出増加による赤字基調が定着している。

1990年代，アメリカの経常収支赤字がどの程度持続可能なのか，が議論された。アメリカは経常収支赤字と財政赤字の二つの赤字（これを双子の赤字と呼んだ）を維持しつつ，ドル通貨の価値を安定化できるのかという，ドルのサステナビリティ（持続可能性）が注目された。貿易取引で輸入超に陥るアメリカは，国内経済でも，経済の構造変化に伴う深刻な課題を惹起させたのである。経済構造変化のインパクトを吸収するため，政府は裁量的な財政金融政策を発動したのだが，ドルをコアとする国際金融システムを維持するという制約が邪魔をして，十分な効果を発揮できないでいるのではないか。そうすると，ドルの信認が失われ，ドルの為替レートは騰落してしまう。ドルをコアとする国際通貨システムは維持できなくなるのではないのか。サステナビリティの議論は，こうした問題意識の中で検討された。しかし，現状，この危惧は消えてしまっている。

6.3 財政収支の推移と特徴

政府の財政収支が，マクロの経済動向にどのように関係しているのか。その発端となる議論を，アメリカの対外的な取引である経常収支と関連づけることで論じてみた。この問題意識を起点に，アメリカの財政について論じてみよう。

まず，アメリカの財政支出の中身を検討してみよう。図6.2は地方政府を含む，アメリカの政府支出の内訳である。まず，特徴的なことは，政府支出のうち，地方政府と連邦政府の比率はほぼ1：1である。地方政府の方が，一見少ないように見えるが，連邦政府支出のうち，1/4は地方政府に州間補助金（intergovernmental revenue）として再配分される

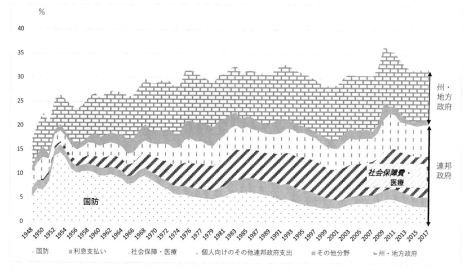

図6.2 アメリカの政府支出

(出所) 大統領経済報告（邦訳名　大統領経済白書）より著者作成
ホワイトハウス　Office of Management and Budget の HP より最新データは入手可能。

ことから，ほぼ同額と見てよい。実際，州・地方政府（州＋市などの地方政府）の支出総額は 3 兆 5 千億ドル（2016 年）であった。一方，連邦政府の支出は約 4 兆円であるが，うち，7 千億ドルは地方政府に再配分されている。したがって，ほぼ同額と考えてよい。

連邦政府支出（4 兆ドル）－州間補助金（7 千億ドル）
≒州・地方政府の支出（3 兆 5 千億ドル）

もう一つの特徴は，社会保障費・医療の増大である。この図では連邦政府のみ内訳を示したが，社会保障費・医療は 1960 年代でも 1％台であったが，70 年以降，年々増加傾向を辿り，2010 年以降 GDP 比率 8％を超えている。そもそも，アメリカは医療などの福祉・社会保障は民間企業に強く依存する特徴を備えていた。しかし，1970 年代にはアメリカ企業の国際競争力の低下によって，従業員向けの福利厚生費用が大幅

に圧縮された。代わって，その分を補う形で，政府の社会保障費が拡大したのである。

　地方政府の財政支出の内訳を見ると，教育が約30%，医療機関等の公共サービス維持費や貧困層への現金給付に20%，交通および警察などの公共サービス維持費用が合計で10%程度になっている。一方，国防費のGDP比率は徐々に低下する方向にある。特に，冷戦終結後は国防費のGDP比率は80年代に8%を超える水準であったのが3%台にまで低下してきている。

　ところで，日本の場合はどうであろう。総務省のHPを見ると，地方政府の財政支出は59兆円（GDPの約10.9%）である。GDP比率でみれば，アメリカは19%なので，日本より量的にはかなり大きいようである。

　日米の地方財政の差として指摘したいのは，中央政府から地方政府への再配分の実質的な中身である。要するに，地方に配分される資金使途の実態としての決定権は，地方側にあるのか中央政府側にあるのかである。日本の場合，中央政府からは国庫支出金と地方交付税交付金という形で受け取る。地方の財政収入における中央政府からの資金比率は，ほぼ30%である。アメリカは，連邦政府から地方政府が受け取る政府間補助金の比率である25%なので，ほぼ変わりない。しかし，その使い方になると，かなり違いがある。日本の場合，予算編成は財務省が行い，地方にも再配分される国庫支出金も地方交付税交付金もその使途は，中央政府によってコントロールされる[2]。

　日本は，地方政府の自由度はあまりなく，基本，中央政府に裁量権がある。地方政府が自由に自分たちのアイデアを発揮し能動的に，新しい試みを展開するという余地は限られているのである。少なくとも，地方が中央に反して，何かまったく新しい試みをするということは容易ではない。地方自治が重要であると言われるが，自治の実効性を発揮する上で必要な資金の自由度が少ないのである[3]。

　アメリカはどうか。まず，アメリカの場合，中央と地方に区分がある（詳しくは渋谷・前田（2006）参照）。連邦制をとるアメリカは，そもそも州や地方政府の自治権は強い。比較的明確に島分けができており，連邦政府が分担するのは国防，所得補償などの所得保障政策，経済政策，雇用政策である。一方，州政府が担うのは保険，交通，地方政府は警察，消防，教育である[4]。

　社会福祉政策は，州・地方政府レベルにその比重が置かれており，地域の実態に応じた，資金配分を地域で決定する仕組みになっている。原則，連邦政府は，州を超えて頭ごなしに地域に介入することは認められていない。それぞれの州が，合衆国憲法の定める憲法の範囲内で独自の憲法を保有しており，州の自治を否定するような介入は認められていないのである。

　ちなみに，このことが，アメリカの連邦政府の対外政策に影響している。産業構造の変化によって最も大きな影響を受けるのは地域社会である。連邦政府は，失業対策として経済政策を打つオプションはあるが，個別の地方政府に直接介入することは不可能である。あくまで，その地域の問題を処理するのは地方政府であり，それを財政的にサポートしえるのは州政府だからである。

　本書では，サービス化によってアメリカの経済構造が大きく変化していることに触れてきた。この結果，発生する地域の問題に，歴代大統領が十分には応えていないというのがトランプ大統領の主張であった。しかし，そのトランプ大統領でも，地方の在り様について直接的な介入はできない。そうすると，大統領がこの問題の処理に使える政策オプションとして，外交と軍事という連邦政府が直接に介入できる分野が，安易に選択されてしまうのである。我々は，時に気まぐれにしか見えないアメリカの通商・外交政策を目にする。通商政策は，国内の社会経済構造が大きく変化する局面ほど，採用されやすくなることを，どこか意識しておかなければならない。

6.4 大きな政府，小さな政府

　1970年代以降，経済学では長く，小さな政府と大きな政府のどちら
が，あるべき姿なのか論じられてきた。戦後定着したケインズ型の財
政・金融政策は，財政の肥大化を引き起こしてしまった。政府は万能で
はなく，過ちを犯す。それにもかかわらず，肥大化した政府が，人為的
に介入し続けたことで，非効率を生み経済的混乱が起きるとも考えられ
るのである。小さい政府では，ケインズ的な考え方を否定する。さら
に，市場メカニズムを通じて効率性を実現することこそ重要で，ケイン
ズ的考え方で実施された財政支出による過度の景気刺激が生むインフ
レーションという副作用を回避できると考えたのである。これが80年
代以降，最近までのアメリカの経済学会を支配し，財政を健全化させ民
間企業の躍動を市場メカニズムで実現する市場重視の考え方と結びつい
ている。競争原理が導入され，これまで規制されてきた業界（例えば航
空業界）は自由化の中で，参入障壁が除かれ，次々に新航空会社が参入
した。参入と退出の自由が確保されていること，つまりコンテスタブル
（Contestable）であることが，望まれるのである。

　小さな政府，あるいは競争原理を導入した市場型経済の徹底は，1980
年以降，定着したかのように見える。しかし，中央政府を見ると財政赤
字は深刻であり，とても小さな政府を実行しているとは思えない。特
に，リーマンショック時の連邦政府の赤字はGDP比で10%近くにまで
上昇した。後の章で触れるが，アメリカの連邦政府は，思い切った財政
支出をし続けているということである。表面は財政支出を抑制したいと
言いながら，中身は積極的に財政を出動させている。

　ただし，州・地方政府の財政規律は厳しく守られている。アメリカの
場合，州・地方政府は，地方税の収入と連邦からの州間補助金の一定範
囲内で，支出される。実際，図6.3にあるように，連邦政府の赤字が拡

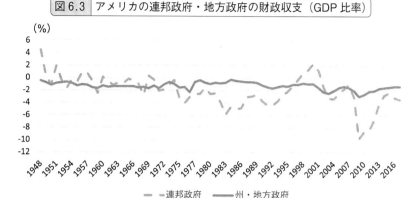

図6.3 アメリカの連邦政府・地方政府の財政収支（GDP比率）

- - 連邦政府　　—— 州・地方政府

（出所）大統領経済報告（Economic Report of the President）より著者作成

大基調を維持する中でも，比較的，一定幅のレンジで安定的に収支尻がコントロールされていることがわかる。

　実は，これには，州・地方が小さな政府を志向せざるを得ない環境が作用していると考えられる。一般に，政府の支出超過による赤字分は，債券を発行することで金融市場からファイナンスされる。州・地方政府も，赤字には地方債の発行で金融市場から資金を調達する。発行済み地方債の4割以上が家計部門で保有されているのだが，その理由は比較的安全で利回りが高いからである。金利など発行条件は，自治体の財政運営のスタンスや金融環境をもとに決定されており，野放図な地方債の発行は実質的に不可能である。つまり，地方が大きな財政を志向し，特に，放漫な財政収支に陥った場合，地方債発行が行えないという市場の洗礼を受けることになる。州・地方政府は，どうしても小さな政府を志向せざるを得ないのである。

　それだけではない。連邦政府は，州や地方政府の自治を尊重するのがアメリカであると述べたが，仮に地方政府が債務危機などに陥っても，救済することはありえない。ノーベル経済学者のTirole（2016）は，構成国が野放図な財政赤字に陥り深刻な存亡の危機に陥るEUの現状に比較し，52の州を抱える連邦国家「U.S.A.」が曲がりなりにも機能して

いる違いをここに求めている。仮に，各地方政府が財政赤字に陥ったと
しても連邦政府が救済しようとはしない。もし政府がある町を救済すれ
ば，他の町も追随するような深刻なモラルハザードが発生するかもしれ
ないからである。絶対に救済されないし，赤字超過になれば金融市場に
頼らざるをえないということが，地方の財政を健全化させていると言っ
ても過言ではない。これが，州や地方政府の自治を尊重しつつ，連邦政
府が国家としての機能を維持する基本になっている。

6.5　金融市場との接合

　地方政府と金融市場とが，どのように接合されているのかについて触
れておきたい。これまで説明してきたように，アメリカは地方自治に腐
心した制度となっている。そのために，地方政府が連邦政府からの資金
財源をもとに，自由度を制限されないような仕組みとなっていることを
説明してきた。地方政府の特徴を見るために，日本の地方財政と比較し
て，まとめてみたのが図6.4である。ここでは，連邦政府からの資金配
分，地方税による独自の資金源泉，そしてそれでも不足している場合に

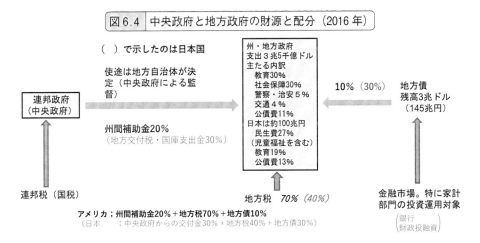

図6.4　中央政府と地方政府の財源と配分（2016年）

（出所）内閣府および大統領経済報告より著者作成

地方債を発行してファイナンスする仕組みを，まとめている。（　）内は日本の数値や説明であり，案外似ていることに気が付く。

　日本の場合，各自治体は中央政府から地方交付税交付金および国庫支出金として地方に交付される。地方税がもう一つの重要な財源である点も同じである。ただし，前述したように，日米で，性格が違う。例えば，中央政府からの資金を受け入れているが，アメリカの場合は中央政府のひも付きではない。日本の場合，中央政府からの地方への資金配分額は大きいものの，基本的にその使途を決定するのは中央政府である[5]。

　　アメリカ；州間補助金 20％＋地方税 70％＋地方債 10％
　　日　　　本；中央政府からの交付金 30％＋地方税 40％＋地方債 30％

　一方，アメリカの場合，中央政府が州政府に資金を配分することはできても，州政府を超えて自分たちの裁量で地方政府に資金の使途を指示，用立てることはできない。

　さらに，アメリカの税の仕組みが単純であり，連邦税の中心は所得税，地方税の中心は財産税，とそれぞれ機能的に分離されている。一方，日本の場合，地方税と国税との機能分離はアメリカほどには明確でなく，時に，重複しているとされている[6]。

　つまり，アメリカの地方税は目的税としての特徴が色濃くあり，例えばこの地域の教育レベルをあげるために資金を必要としており，そのために，どの程度の税金を住民に課すのかは，それぞれの地域で決定する。最終的には，その首長や地方政府議員を決定する選挙によって，決せられるのである。その上，アメリカの地方政府は財政収支バランスを均衡させてきた。それでも，財政に不足が生じた場合，最終的に地方債が発行される。そのため，アメリカでは多種多様な地方政府・自治体が，地方債を発行することになった。つまり，さまざまなリスクレベルに応じて多彩な地方債が発行された結果，アメリカの金融商品が非常に

きめ細かな投資家ニーズに応えることができる，品ぞろえと深みのある
金融市場へと深化したのである。また，各地方政府・自治体も，市場か
らの資金調達を狙ったため，情報開示が進み，地方財政の健全化・透明
化が図られるようになった。

　ただし，これを手放しでは評価できない部分がある。リーマンショッ
ク時に話題となったサブプライムローンでは，モノラインという保険の
仕組みを使った金融会社の存在が話題となった。このモノラインは，多
種多様な地方債の金利とリスクの関係を計算し，それをもとに，さまざ
まな金融資産のリスクを理論的に表示することに成功した。さらに，き
め細かなリスクとそれに似合う投資家のニーズを捉えて，さまざまな金
融商品のリスクを調整したりすることで，分厚い（こういう表現が適切か
疑問が残るが）金利構造をアメリカ市場に提供したのである。貧困層向け
の融資はかなりリスクが高いはずだが，モノラインを使って，この銀行
融資資産を第三者に転売することが可能となった。

　例えば，少し貸し倒れリスクのあるローンを，モノラインは保険ス
キームで保証することでリスクを減らし，比較的高利で安全な金融資産
に転換して，第三者に売却したのである。こんなことが可能になったの
も，現実に多様な自治体が発行するさまざまなリスク評価の地方債が，
アメリカ金融市場に高級洋品店のブティックのようにならんでいたから
である。ただし，はっきり言えば，行き過ぎてしまったのである。

　こうした問題は大いにあるものの，地方の財政収支は，地方債を通じ
て金融市場とつながっている。一方，日本の場合，発行額としての地方
債市場はアメリカ並みであるが，その引き受け手は，金融機関と年金で
ある。当然ではあるが，中央政府の締め付けが厳しい日本の地方自治体
は，さしたる特徴もなく，どれも一様で，発行体によってリスクが異な
るような金融資産のバラエティーには貢献しなかった。金融市場に多様
性や深みを与えることもなければ，逆に，金融市場を通じた市場メカニ
ズムが地方財政の健全化や新しい変化を生み出すこともなかったのであ

る。さらに，90年以降の低金利の中で，地方金融機関の地方債離れや，低収益による銀行経営の圧迫を引き起こすことになった。

6.6　所得の再配分機能

6.6.1　アメリカで進行する二つのタイプの格差

　アメリカの所得再分配機能について捉えておきたい。政府の主たる役割の一つには，税や補助金を使って，富裕層から貧困層に所得を再分配することがある。所得格差の拡大や富裕層の固定化は，社会を不安定化させる要因であると考えられている。例えば，トマ・ピケティ（2014）は富裕層が占める割合が一定の水準を超えると，社会は混乱する傾向があるとしている。

　また，アメリカは，人の出自に関係なく，誰にも平等のチャンスが与えられることを建国の理念としてきた。仮に，階層の固定化が深刻になれば，その理想にも反することになる。

　しかし，貧富の差は拡大し続けており，階層の固定化も発生していると言われている。例えば，Florida（2018）は都市部の格差が深刻であり，アメリカ・ニューヨークとアフリカ内陸部のエスワティニ王国の経済格差度が同程度に深刻であるという。ニューヨーク市やマイアミなど都市部の経済格差は，飢餓に苦しむアフリカ並みに深刻化している[7]。この理由の一つは，紳士化（gentrification）と呼ばれる，都市開発の影響が指摘されている。一例をあげると，ニューヨーク市のブルックリン地区は最も都市の再生に成功したモデル地区として知られている。

　ところが，安全で快適な都市環境に変身したブルックリンに，長い間住んでいた人たちにはもはや住処（すみか）はない。おしゃれなホテルと美術館やショッピングモールが立ち並び，観光客が訪れる魅力的なブルックリン地区。一方で，生活費が高騰し日常品を購入するスーパーも激減し，旧住民が暮らしていける土地ではなくなってしまった。これを紳士化とい

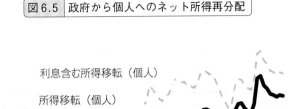

図6.5　政府から個人へのネット所得再分配

計算方法　政府からの所得移転（個人）＝個人への社会保障－個人の社会保障費－政府の税収（個人）
　　　　　点線に示された個人への政府移転には，政府から企業・個人向けの利息支払いを含めて計算
　　　　　政府からの所得移転（企業）＝企業への所得移転－税（企業）

（出所）U.S. BEA

う。

　アメリカには，前述したラストベルトやサンベルトなど，産業構造の変化に上手く対応できずに貧困化する地域と，シリコンバレーのようにITブームの先端をいく地域とで，発生する地域間格差と，都市の再開発を通じて大都市内部で広がる格差の二つの異なるタイプの経済格差が進行し，社会問題となっている。

6.6.2　アメリカの所得分配機能（高所得者 ⇒ 低所得者）

　格差深刻化の要因の一つとして，アメリカ政府の所得分配機能が機能不全に陥っているのではないか，と指摘されている。この点を，検討してみよう。検討を開始する前に，まず，起点となる現状を確認しておきたい。図6.5は，アメリカの連邦政府ベースでの個人に対する所得再分配効果（政府から個人への所得移転／名目GDP）を計算したものである。参考までに，利息支払い分を含むもの（点線），企業への所得移転も図に組み入れている。

　確認できるのは，長期的に見れば，アメリカの個人向け所得再分配は趨勢的に高まっている。2010年以降，所得再分配率は低下していることも確認できる。ただし，これは2008年のリーマンショック時に，政府が大減税を実施した結果である。マクロデータからみると，政府の所得再分配機能が低下していることは確認されない。

　ところで，実際，アメリカでは貧富の差が拡大している。例えば，人口1％に満たない人々が，アメリカの資産の99％を保有しているというショッキングな議論もある。それが，政府の所得再配分機能の低下によるのか，検討してみよう。

　アメリカ議会（congressional budget office）が毎年発表する家計所得分布調査を使って，所得階層別に再分配機能を調べてみた。2014年の課税前平均所得は，10万1,700ドルである。これには，社会保険給付金なども含まれている。平均家計所得が10万ドルを超えるのを，高いと感じる人も多いであろう。最近のアメリカの所得分布は正規分布ではないことに注意を要する。つまり，実際に平均レベルの所得を得ようとすれば，上位1/4に属していなければならない。イメージしやすいように言えば，大卒者は全米の25％程度であるので，大卒者の平均給料は10万ドルとみて，大きな間違いはない。アメリカ人の3/4は，平均以下の所得しか稼げないのである。

　さらに，1979年以降，税引き前平均年収は年率平均2％で伸びている。アメリカの潜在成長率も2％弱なので，所得の伸びは至極妥当であり，経済実態にふさわしい水準である。各所得階層に対して，アメリカ政府は，高所得者 ⇒ 低所得者への所得再分配政策を実施している。

　連邦政府は平均的所得者に対し，2万1,500ドルの連邦税（主に所得税）を課している。つまり，平均レベルの所得（10万ドル）を稼いでいれば，2割の税が課せられる。若干細かく言うと，連邦税のうち，生活保護などミーンズ・テスト（行政による資力調査）を経て低所得者へ移転する分が約5千ドルである[8]。

　さらに，現実には，地方税が加わる。しかし，アメリカの場合，地方税と連邦税の機能区分が明確になっており，地方税は主に固定資産など財産税であり，しかも使途も教育など目的が明確化している目的税である。高所得者 ⇒ 低所得者への所得再分配として一義的に効いてくるのは，連邦税である。したがって，話を簡単にするため，地方税は，以下では考えないことにする。

　ここまでの話を要約すれば，アメリカの平均世帯の所得に対する連邦税は2割程度だということである。これを，低所得者に再配分しているのだが，ここでは，所得最上位層（上位1％税引前所得180万ドル）と所得を5つに分けたうちの所得中位層（税引前所得7万ドル）と所得下位層（税引前所得1万9千ドル）に注目して分析する。

　まず，図6.6～6.8は，1980年～2014年までの10年ごとの所得の内訳（税引前所得，補助金，連邦税）および，税引後所得（実線部分）を示している。要するに，税引後所得は，税引前所得から補助金を加え連邦税を

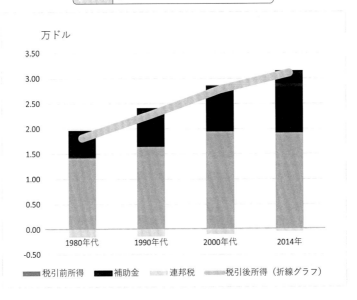

図6.6　最下層の所得と税および補助金

112

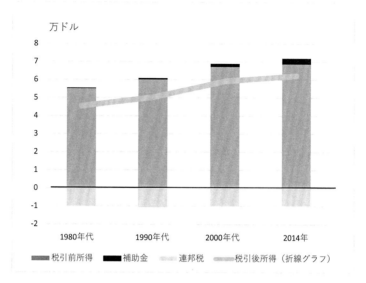

図6.7 中間層の所得と税および補助金

万ドル

（横軸）1980年代　1990年代　2000年代　2014年

■税引前所得　■補助金　連邦税　税引後所得（折線グラフ）

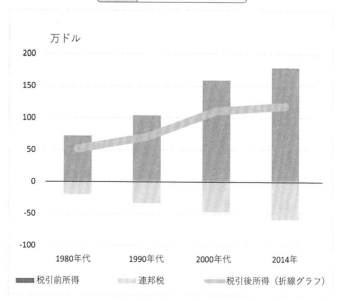

図6.8 上位1％の所得と税

万ドル

（横軸）1980年代　1990年代　2000年代　2014年

税引前所得　連邦税　税引後所得（折線グラフ）

（出所）図6.6〜6.8はアメリカ議会家計所得分布調査

差し引いている（あるいは加えている）。注意深く見ると，所得最上位層は，税引前所得から連邦税を大きく差し引かれている。実際，2014年の最上位層では，税引前所得（180万ドル）の34％，60万ドル相当が徴税されている。この税率は，年々増加傾向にあり，1980年代には28％程度であったのが，90年代には30％を超えている。

　一方，最下層の税金はゼロである。

　中間層は，2014年の税負担は税引前所得（7万ドル弱）の14％程度，約1万ドルを徴税されている。累進課税方式を採用しているため，当然なことではあるが1万ドルの所得税は，上位層の60万ドルに比較すれば相当低額である。所得上位層に課税することで調達された資金は，所得下位層に再配分される。政府 ⇒ 最下層への補助金を見ると，2014年で1万2千ドル（一人当たり）であった。つまり，最下層の税引前所得が約1万9千ドルであり，その所得の60％超に当たる補助金が支給され，税引後所得は3万ドル程度になっている。しかも，低所得者向けの補助金率（補助金／税引前所得）は，1980年代には30％台であったのが年々増加している。

　やはり，実態を見る限り，アメリカ政府の所得再配分機能が機能していない，とまでは断言できない。アメリカ政府は，所得の再分配機能を年々強化しているようである。さらに，よく言われることだが，アメリカの社会福祉政策は，金銭などの現物給付に力点を置くのではなく，雇用機会を与え貧困者が自律するよう就労復帰に力点を置く。その点で，金銭的な所得移転の額だけで判断して，政府の貧困層へのケアが「減退」していると判断するのは早計ではある。

　ただし，政府の所得再配分機能が十分であるとは言えないことも，明らかである。例えば，所得上位1％の人々の年収は，税引前で1980年代から2.5倍になっている。これは，年率2.7％の所得の伸びとなっているということでもある。一方，最貧層および中間層の所得の伸びは，補助金を加えた税引後所得で計算しても，年率1％程度にとどまってい

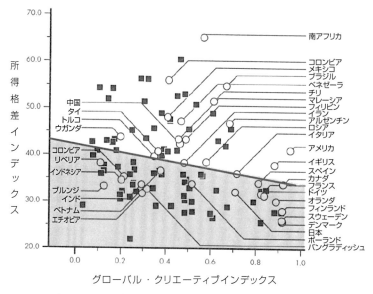

図6.9 所得格差とクリエーティビティ

139か国のうち，○は名前を明示した国
（出所）Florida（2018）

る。

　これが何を意味しているのか，70の法則を使って考えてみよう。1％で所得が伸びる人が，現在の年収の2倍になるのは70年かかる（70 ÷ 1 = 70）。2倍というのは，経済感覚として重要で，2倍になると以前の生活とはまったく異なる水準の生活ができる。つまり，生活環境も置かれた境遇も異なることになる。70年経ないと2倍にならないということは，人間の労働可能期間が45年（20歳〜65歳）とすれば，一生働いても現在の最下層の境遇を脱出できないということである。

　一方，最上位層は25年程度で所得を倍にできる。一生の間に，一度は飛躍するチャンスが与えられ，それを実現しているのである。アメリカンドリームは，もはや中間層以下の人々には，見果てぬ夢になってしまっていることを数値は示している。

図 6.10	年齢階層別の所得（45 歳〜54 歳の所得を基準とする）

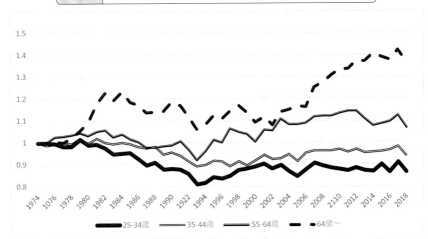

（出所）Census より著者作成

アメリカは再配分機能を一層強化すべきなのである。

このことは，Florida（2018）らの議論を使うとある程度理解される。彼らは技術進歩によって発生するクリエーティビティをインデックス化した Global Creative Index を公表している。そのインデックスではアメリカは，オーストラリアに次いで世界 2 位（日本は 24 位）である。Global Creative Index と所得格差との関係は，マイナスの傾きの線で示される（図 6.9 参照）。つまり，グローバル化が進む程，国内の諸規制は緩和され，自由で平等な就業機会が与えられる。貧困や格差は，緩和されるのだという。この線より上にあれば世界の平均的な姿より，格差が深刻であることを意味している。

つまり，世界は，クリエーティビティが進んでいる割には，所得格差が大きなアメリカやイギリス，中国のような国と，逆に，北欧諸国や日本のように，クリエーティビティの割には所得格差が低い国にグループ化できる。後述するように，90 年以降，アメリカはイノベーションを積極的に誘発し，経済成長を促してきた。今のところ，その変化に，ア

メリカの所得再分配政策がうまく対応できていないのである。

6.6.3 アメリカの所得分配機能（若年・中年者 ⇒ 高齢層）

　分配のもう一つの問題は，世代間の再分配である。アメリカは，高齢者への再分配が比較的スムーズに行われていると言われている。年金制度がそれなりに機能しているのだ。一方で，若年層への再分配がうまくいっていないとの，指摘もある。第7章で論じている Eggeratson and Mehrotra（2015）の長期停滞論では，アメリカが長期停滞期に達したという説を紹介している。この長期停滞の理由として，経済を本来支えるべき若年層から中間層の家計消費が低迷していることが指摘されている。

　若年層が消費を控えているのは，なぜか。「所得下位層を構成する若年層が，負債返済の重圧下にあり消費を活発化できない点にある。」というのである。

　さらに，トマ・ピケティ（2014）は，年齢階層別の可処分所得を計算し

（1）若年層から45歳までの可処分所得が伸び悩んでいること

（2）65歳以上の高齢者の所得の伸びが，他の階層を大きく上回っていること

を示した。

　若年〜中年（24歳〜44歳）の働き盛りの階層から65歳以上の階層への所得再配分が行き過ぎており，不公平であると言うのである。

　Census データを使って，長期の所得の動向を世代別に示してみた。この表を説明する前に，若干，断っておく必要がある。ここで利用するデータは，各年齢層の中間値（各年齢層でちょうど真ん中にある人の所得）である。64歳以上の老年層の所得は，4万ドル程度で，どの世代よりも低い。最も高い所得を稼ぐ45歳〜54歳の所得が，2018年で6万6千ドルであるから，約6割の水準である。まず，第一段階で，この原データ

を，45歳〜54歳の所得を基準として，各年齢層が何倍になるかを計算
した。次に，計算した数値を，1974年を1とするようにして図示した
のである（図6.11）。

　このようなデータ処理をして観察してみると，64歳以上の年齢層の
所得の伸びが，2008年前後から急上昇していることがわかる。トマ・
ピケティ（2014）が主張するように，若年〜中年層の労働者から，64歳
以上の老齢者に対して所得の移転が，突出して拡大していることがみて
とれる。

　高齢者向けの所得再配分を抑制すべきなのかもしれないし実際，高齢
者層への所得移転を高め続けられない課題が浮上してきている。高齢化
が，アメリカでも深刻化しつつあるのだ。高齢者向け社会保障年金信託
基金（Old-Age and Survivors Insurance and Disability Insurance Trust Fund）と
いった高齢者向けの社会保障制度に問題が発生しているのだ。本来，こ
の制度は高齢者の貧困を，大幅に低下させる目的で設立された。アメリ
カでも高齢化は徐々に深刻化しており，65歳以上の人口が20歳以上に
占める比率は現在20％程度だが，2030年には40％に達する[9]。

　高齢者向け保障基金が2030年までに底をつく可能性が，危惧されて
いるのである。高齢化の中で，労働者の生産性が低下する方向にあり賃
金の大幅な改善が期待できない。しかも，支給対象者が急拡大し続けて
いる。現在でこそ，高齢者向けの所得再配分は，高いかもしれない。
が，近未来の高齢者世代は現状と同じレベルの給付年金を受け取れる保
証がないのである。

　こうした議論は，高齢化問題に直面する日本からすると，アメリカも
年金問題が発生しているのかと，驚きでもある。アメリカが予算削減の
ために，特に，海外に駐留するアメリカ軍について欧州諸国や日韓に応
分の負担を強く求める背景の一つにもなっている。アメリカの自国民へ
の配分を犠牲にしてまで，海外に軍事的プレゼンスを維持するために軍
事費を支出し続ける価値はあるのか，という問いから出ている面もあ

る。

【注】

1) 日本の中央政府には，首相を含む政府の行政上の担当が，規定されているのか。この辺は，かなりいい加減で，首相を含む行政府の職域について，まったく，規定がないらしい。戦前は，天皇のもとにすべてが決するという考え方であったので，行政上の職域を明文化する必要性はなかったかもしれない。

　しかし，戦後，こうした行政上のあいまいさを危惧する声はあったが，結局，現在に至るまで明文化されることはなかった。この問題は，日本がアメリカより行政上の柔軟性を有していたという評価も可能ではある。裏を返せば，政府の行政上の責任がアメリカに比較して曖昧であるという問題を持っている。

2) アメリカの場合，予算を策定するのは議会である。大統領は年当初の大統領教書によって政策の方針を発表し，議会にそのための予算策定を要望する形になっている。

3) 交付金のような形で資金を受け取ることに，経済合理性がないわけではない。特に，資金量が少なく地方の資金需要が供給を上回り，かつ，地域間で大きな経済格差がある場合，各県がそれぞれの地方税収入に依存した支出をしていたのでは，地域間格差は解消しない。地方政府間の需要を調整するため，中央政府が介入することは必要であったと考えられる。

　さらに，地方の場合，地縁・血縁が強く，こうした配分を常に合理的に行えるか疑問がある場合にも，中央政府が中立的に介入し資金配分を決定することは一つの手段ではある。ただし，そういう点を考慮したとしても現実には問題がある。中央政府が交付金という形で配分する際，経済状況に応じて変動する税収を基礎とする。この配分方式では，経済状況によって配分比率が大きく変動してしまう可能性がある。そのため，地方が長期的視点で一貫した地域開発を継続することを難しくしてしまう。

4) 教育にはさまざまな項目が含まれる。学校だけでなく，コミュニティースクールやシングルマザーの子供たちへの支援など，幅広く適用される。シングルマザーが通学に車の送り迎えが必要とあれば，地方政府が車を提供する。また，給食費を含む生活支援など就学に必要な援助も含まれる。

5) 日本の地方自治体は負債超過ではない。近年，金融資産・負債残高では負債超過に陥っているが，それでも非金融資産を加えれば地方は未だネット資産超過になっている。

　小黒（2014）は，「貧しい自治体は地方交付税を多くもらっていても砂漠が水を吸うように財政が改善しない一方で，豊かな自治体は中央からの「仕送り」がなくても潤っており，資金も豊富だ」と指摘している。貧しい自治体である程，中央政府 ⇒ 地方への政府間再配分が行われている。

　中央政府の考えに拘束されることなく，消滅危機にある地方自治体が独自の

プロジェクトを生み出すような環境にはなっていない。

日本の一般政府の負債・資産残高

2017 年度　　　　　兆円

	中央政府	地方政府	社会保障費
非金融資産	25	92	1
金融資産	263	101	263
金融負債	1,091	187	19

ネット負債	-803	6	245

非金融資産のうち，709 兆円の生産資産はカウントしていない。
非金融資産は自然資源のみ

（出所）内閣府　国民経済計算

6） 渋谷・前田（2006）参照。

7） New York New Jersey-Long Island 等を含む北部地域の所得格差インデックスは 0.504，高級ホテルが建つマイアミ Fort Lauderdale-Pampono beach が 0.496，アフリカのエスワティニ王国が 0.504，ジンバブエが 0.501 である。

8） SNAP（栄養保険支援制度），CHIP（児童医療保険プログラム），SSI（高齢者向け所得補償），Medicade（低所得者層医療扶助プログラム）などがある。

9） 高齢化率の計算は 65 歳以上／全人口であり，それによれば足元のアメリカは 15％程度。日本は世界一の高齢化率で 27％を超えている（2017 年現在）。

第 **7** 章

経済構造の変化
アメリカの近未来

7.1 経済のサービス化と雇用シフト

　産業構造を捉えた後で，それがどのように変質したのかを考える。さらに，アメリカの近未来を議論するため，イノベーションや移民の問題と関連づけた議論をする。まず，アメリカの雇用は，経済のサービス化とどのように関連しているのか。これを理解することから議論をスタートする。その次の節では，経済のサービス化によって雇用を創出し，経済のダイナミズムを遂げたはずのアメリカが，2000 年頃から壁に直面していることを説明する。アメリカは，国内消費の長期減衰傾向に歯止めをかけられないでいる。

　表 7.1 は，1950 年代からの就業者数の変化を，10 年ごとの年代別に平均値をとって示している。増加のペースは，50 年代以降加速し続け，1990 年代には 2,000 万人のペースで大きく増加した。つまり年率に換算すれば，200 万人規模のハイペースで拡大したのである。この増加ペースは，2000 年代になると落ち着く方向にあり，最近では年間 10 万人程度にまでペースダウンしている[1]。

　アメリカは，趨勢で見れば，緩やかに人口増加率を低下させている。1960 年代からの平均人口増加率は 1.3% もあるが，足元，0.5%（2019

表7.1　産業別の雇用

Year	非農業部門雇用者数（万人）		産業別				労働参加率 %	労働生産性伸び率 (%)
	雇用者数	増減数	鉱業・建設業	製造業	サービス業	政府部門		
1950s	5,077	933	41	143	541	222	59.3	2.8
1960s	6,163	1,086	24	137	671	314	59.2	2.8
1970s	7,961	1,787	86	136	1,156	419	61.7	2.2
1980s	9,775	1,814	85	-32	1,545	216	64.9	1.5
1990s	11,779	2,004	46	-61	1,755	263	66.7	2.7
2000s	13,329	1,551	146	-293	1,452	245	66.1	2.7
2010s	14,033	704	-47	-206	930	28	63.2	1.0

2010年代は2001年〜2017年の合計
雇用者数，増減数は10年間の平均である。年平均に換算するには，10で割らなければならない。
（出所）U.S. BLS

年）まで低下している。しかし，すでに人口減少に転じた日本とは，大いに異なる。経済学には，労働人口という別の人口尺度がある。労働人口とは，働ける状態にあり，かつ，職を求めている人のことを指すが，この労働人口が約1億6千万人（日本は約7千万人）も存在する（日本は0.7%）。しかも，アメリカの労働人口増加率は，ここ50年間の平均で1.5%を維持している。これが何を意味するか。70の法則を使うと，アメリカの労働供給量は約50年間で倍に膨れ上がったことになる（70÷1.5）。サービス業を雇用の受け皿とすることで，この膨張する労働者を吸収したのだ。

　経済学，特にアメリカの経済学では，労働市場について，安直に考える癖がある。労働供給は，無尽蔵にあると設定してしまうのだ。そうすると，話は一瞬にして簡単になる。雇用を決めるのは，労働需要曲線を動かせる企業だけになってしまうからだ。かなり強引な設定だが，アメリカの経済学者は，労働が無尽蔵に湧いてくるようなイメージ，これをアメリカ経済に持っているからなのだろう。

　さて，表7.1で確認すると，主にサービス業によって吸収されていることがわかる。その一方で，アメリカの製造業は，雇用創出（吸収）効果を大きく減退させており，1980年代になると，就業者数は減少に転じていた。これまで議論してきたように，アメリカ経済はサービス化を遂げている。これを雇用という視点で見ると，労働人口の拡大に直面してアメリカは製造業からサービス業へ産業の主役をスイッチすることで対応した。これは，必然の結果である。国際競争にさらされたアメリカの製造業では，少なくとも1980年代には十分な雇用機会が提供できなくなっていたからである。それに代わり，雇用機会を担ったのはサービス業であったのである。

　ところで，同時期，日本ではまったく異なることが起きたのである。日本では，製造業は引き続き重要な雇用の受け皿であり続けたのである。さらに，90年代，すでにバブルも崩壊し経済は下降線を辿っていたが，それでも製造業は日本の雇用を確保する上で重要な役割を果たし続けたのである。これが，製造業の生産性の回復を遅らせ，長い目で見て，不毛の10年，あるいは20年を生む結果になった。仮に，この段階でサービス化へのシフトに舵を切っていれば，こうした不毛の時代は回避されたかもしれない。しかし，一方で，アメリカ同様の格差社会や，構造変化に伴う失業者の急拡大など，多くの別の課題が発生していたはずである。

　アメリカではサービス業が受け皿になることで，人口増による変化に伴う労働の大量供給のインパクトを吸収したと述べてきた。図7.1を使って詳細をみておこう。製造業の就業者／全就業数シェアは，16％台から10％を切る水準にまで低下している。一方，サービス業の中でも，医療・健康関連，弁護士など専門知識を必要とするサービス，レジャー・接客サービスでウエイトが特に増加している。医療ケアサービスとレジャー・接客サービスで約4,000万人の就業者となっていた。アメリカはGAFAに象徴されるIT関連のサービス業が，高収益をあげ躍動しているため，こうしたIT企業群が雇用創出の最大の担い手のよ

図7.1　サービス業の全雇用者に占めるシェア（％）

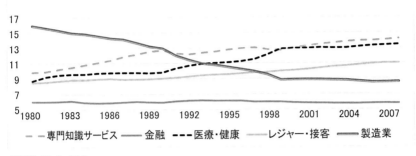

-- - 専門知識サービス ── 金融 --- 医療・健康 ── レジャー・接客 ── 製造業

（出所）U.S. BLS

表7.2　産業別の賃金

	週所得（ドル）	賃金上昇率（年率）
鉱業	1,134	3.8
建設業	1,338	4.3
製造業	816	3.8
内　耐久消費財	833	4.0
サービス業	738	3.8
内金融	1,106	4.7
内レジャー・接客業	350	3.8

（出所）U.S. BLS

うに思われがちだ。だが，実際は，主たる受け皿は医療ケアサービスや
接客サービスであるが，こうしたサービス業就業者の賃金は決して高く
ない。表7.2に示したように，週ベースでの正規雇用者の賃金で見る
と，最も高額なのは建築・鉱業従事者であり，サービス業では金融であ
る。

　レジャー・接客業の平均賃金は350ドルと金融業の半分にも満たな
い。また，金融業の雇用シェアは6％程度で横ばいであった。経済の
サービス化は，製造業従事者との間に深刻な賃金格差を引き起こしただ
けではない。実態として，サービス業でも，医療ケアやレジャーなど，
最大の雇用受け入れ先であった産業の賃金はかなりの低水準であったの

である。要するに，経済のサービス化そのものが格差を引き起こす土壌
となっていた。

7.2 雇用の変化とマクロ経済との関連性

　後に詳しく述べるが，いわゆる IT イノベーションによって，アメリ
カ企業の多くが収益性を改善させた。当時，力強いアメリカが定着した
と信じた専門家もかなりいた。ところが，意外にも，2000 年以降，ア
メリカは壁に直面している。アメリカの個人消費は，徐々に減衰傾向に
あった。それが深刻になり，抜け出せなくなったのである。この消費の
減衰は何ゆえに発生したのだろう。マクロ経済学の基本を使って考えて
みる。まず，基本である，消費と所得の関係をみておこう。消費は，所
得の一定割合である。今，消費を C，所得を Y とする。

　経済学では，所得と GDP，ほぼ同じ意味で使うので，両者を置き換
えて考えてもらってよい。所得の一定割合，これを限界消費性向という
のだが，これを小文字の c（$0 < c < 1$）とする。そうすると，消費は

$$C = cY$$

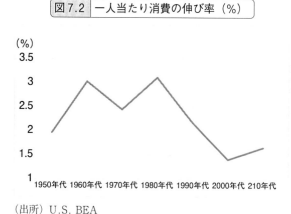

図7.2　一人当たり消費の伸び率（％）

（出所）U.S. BEA

とあらわされる。例えば，限界消費性向が 0.8 であれば，所得のうち，8 割は消費へ，残り 2 割は貯蓄にまわる。さて，この式を意図的に，人口 (*pop*) で割った後で，注に示した式の操作を繰り返すと，一人当たりの消費の変化率は労働生産性の変化率と労働参加率の変化率の和になっている[2]。式として示せば，

　一人当たり消費の伸び率 = 労働生産性の伸び率 + 労働参加率の変化

のように表現される。この式を使って，平均で年率 2％ 以上の伸び率であった一人当たり個人消費の伸び率が，2000 年以降，一転して低下したのか考えてみよう。一人当たり個人消費を計算してみると，1960 年代は 3％ 程度であったが，70 年代には 2％ 台半ばまで緩やかに減少していた。それが 1980 年代になると，一旦，3％ にまで回復する。しかし，やがて 2000 年代以降，1％ 程度に低下している（図 7.2）。

　これは，なぜなのか。

　表 7.1 を再び参照に，労働参加率が徐々に低下しただけでなく，労働生産性が 2010 年代には 1％ の水準にまで急激に低下していることを確認されたい。

　最近の消費の低迷は，労働参加率と労働生産性の伸びの低下であると考えられる。

　2010 年以降の労働生産性が急低下したのはなぜだろう。いくつかの説がある。一つは，アメリカの技術進歩のスピードが低下していると考えられることである。これまで説明してきたように，アメリカはサービス化によってより高い付加価値を生んできた。産業の高度化こそが，生産性を改善する鍵であったのだが，それにも限界が来ているということなのかもしれない。

　もう一つは，前節でも触れた，アメリカでも徐々に進行する高齢化の影響である。高齢化は企業の生産性にも影響している。それに加えて，高齢化は労働参加率にもマイナスの影響を持っているため，結局，消費

の伸びを抑制するように作用してしまう。

　しかし，まったく異なる議論もある。例えば，Guvenen et al.（2017）はアメリカ企業が2000年以降，課税を回避するために，ケイマン島などを経由した収益の分散を積極化させていると指摘している。つまり，実際のアメリカ企業は生産性はさほど減退していない。さまざまな合法・非合法の課税回避行動のための会計操作によって，収益性が悪化したかのような会計報告になっているというのである。ここまで来ると，何が本当であるか，経済学的に議論すること自体が難しい。

　しかし，アメリカの消費需要が長期的に減退する方向にあることは間違いないし，その背景にあるのは労働生産性の長期的な減退と，労働参加率の低下であることは否定できない。

　それゆえ，アメリカの消費需要が，近未来に，画期的に拡大することは期待できない。国内需要の飛躍的な躍進が望めない中では，雇用の大幅な拡大は期待できるはずはない。実際，2010年代以降の雇用拡大は年間約100万人程度（＝706万人÷7年）で，1990年代の年間200万人の半分程度に減退している。特に，これまで積極的に雇用を支えてきたサービス業ですら，雇用拡大のペースに鈍化がみられる。先行きへの不透明感，経済のサービス化の限界などに直面し，アメリカは押し寄せる移民にまで新たな職を積極的に提供しうる余力は無くなっているのである。

7.3　特許数と産業構造

　我々は，第3章でアメリカの企業経営の歴史的展開に触れ，「アメリカの企業のダイナミズムは，何によっているのか」という視点で論じた。結局，一つの重要なキーワードは，企業のイノベーションにあるという話で結んでいた。

　一方，前節では，最近の労働生産性の低下の要因の一つとして，技術

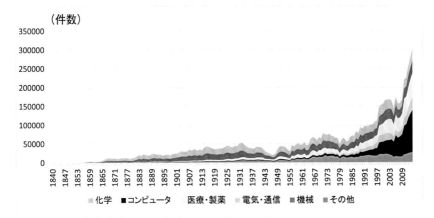

図7.3　アメリカの特許数

（出所）U.S. PTO（Patent and Trademark Office）

水準の伸びに限界がきていることを指摘した。

　技術水準を改善するために必要となるイノベーション（技術革新）について，考えてみるとしよう。経済学は，イノベーションを，どのように説明するのか。あるいは，イノベーションの実態をどのようにデータとして掌握するのであろう。これは，かなり難しい。

　とりあえず，一次接近として，企業の新規技術の特許数を見てみよう。アメリカの UNITED STATES Patent and Trademark Office（USPTO）によると，2015年の年間特許数は約32万件（特許申請数は62万件），そのうち半分の15万件が国内で開発された技術に関する特許である（図7.3）。特許数は減少傾向に陥った70年代を除いて，年率3%～7%程度の割合で増加している。特に，2010年以降の平均では年率11%の高い伸びを示している。

　産業構造の変化に従って，特許を獲得する分野は化学（石油関連の特許）からコンピュータ，電気通信へと，主役となる技術の交代が観測される。特に，IT分野の特許が，全特許数の48%を占めている。これは，アメリカのイノベーションがITを起点に発生していることがわか

る。また，2017年の国際特許数でも，アメリカは世界をリードする。世界全体での特許件数は24万件で，うち，世界一のアメリカは5万件，次に日本，中国が4万5千件である。特に，中国の特許数は著しく増加しており，デジタル機器での特許数では世界一となっている（この分野の2位は韓国）。

　実際，中国の通信機器メーカーであるファーウェイ製品について，アメリカ政府は先進国市場から締め出しを図っている。露骨な中国企業への圧力は，中国がこの分野での技術支配を強めていることへの危機感から発している。

7.4　方向性を持つイノベーション

7.4.1　アメリカ企業の技術開発力の源泉は何か

　特許数から見る限り，アメリカのイノベーションは活発である。ところが，少し中身を検討してみると，アメリカの技術水準は低下傾向にあることが見えてくる。実際，この現状の捉え方で悲観と楽観，それぞれの立場でさまざまな論争がある。こうした議論に我々が触れる際，誤解してならないのは，アメリカの技術水準は，当面，世界一であり続けるということである。

　しかし，その伸び率となると話が違う。アメリカの技術水準は世界に徐々に追いつかれ，長期的に衰退しているのではないかという，悲観論が納得的に聞こえてくる。例えば，最近，アメリカの技術が，中国に追い抜かれてしまうと懸念されている。それも，この辺の混同があり，変化率で言っているのか否か，冷静に確認すべきである。

　技術を経済学ではどのように捉えているのか。まず，ここから議論しよう。マクロ経済学の教科書によれば，生産活動に要するファクターは，生産に利用される物的資本と人的資本である。この二つがとりあえずの基本ファクターである。物的資本とは，建物や機械のような人工的

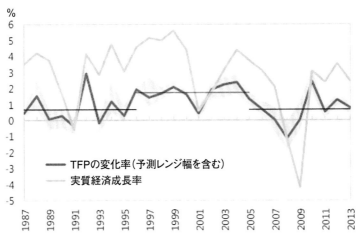

図7.4　TFP（全要素生産性）の推移

（出所）Roberto Cardarelli and Lusine（2015）

　な資源であると定義されている。資本というのは，時間をかけてゆっくりと蓄積されるというニュアンスがあり，一国の建築物や道路などのインフラは何十年という積み重ねの中で蓄積されるのである。

　もう一つは，人的資本だが，労働といった方が理解がはやいだろう。

　しかも，物的資本同様，やはり一朝一夕では積み上がらない。医学の進歩などに支えられて，徐々に蓄積されていく。逆に，人口が減るような局面があっても，速攻で効く対策はなく，成す術がない。

　伝統的に，経済学では，人的資本が教育やトレーニングなどで増えることはないとしてきた。ただし，このところ，最近の経済学では，人的資本が教育によって増加すると考えている。ともかく，原理的には，経済は人と物で成長する。

　しかし，実際のところ，この二つの生産要素では，経済成長のすべてを説明できない。このため，第三のファクターが考え出された。これが全要素生産性（Total Factor Productivity）と呼ばれるものである。このTFPを説明するのは容易ではないが，まず，以下の式を見ておこう。

実質経済成長率＝資本分配率×物的資本の伸び率
　　　　　＋労働分配率×労働投入量の伸び率＋ TFP の上昇率

と表されることになる。

　この式の意味を，これまでの説明をもとに，改めて書き下してみる。
「生産は，物的資本と，人的資本の二つである。したがって，その伸び
率でも，人的資本の伸びと物的資本の伸びで説明されるはずである。

　しかし，この二つの要因では説明できない要因が実際には存在する。
これをあらゆる諸々のことを含むという意味で全要素生産性（以下，
TFPと呼ぶ）を第三のファクターとする。」

　どうであろう。理解できたであろうか。もう少し，イメージを掴むた
めに，今度は計算をしてみよう。例えば，物的資本の伸び率が1％，人
的資本の伸び率をゼロとしよう。さらに，労働分配率が0.7，資本分配
率が0.3であるとする。つまり合計で1になっているので，この国は生
産要素を，物と人に7対3で配分しているのである。経済成長率は2％
であるなら，TFPは1.7％（＝2％−0.7×0％−0.3×1％）となる。こ
のケースでは，経済成長2％のうち，85％が技術進歩で説明できるとい
う結論になる。技術進歩の度合を測る概念としては，ストレートでわか
りやすい。同意して頂けたであろうか。

　しかし，実際に計算するとなると，案外難しい問題がある。物的資本
をどのように計算したらよいのか，歴史的に積み上げたものが資本なの
だが，その中にはすでにお払い箱になってしまった旧式の生産設備や建
物などもある。これを除きながら，計算するため，ある程度は恣意的な
判断が求められる。いろいろな研究者が，TFPを計算しており，その
結果，おおよそ世間一般が合意するようなコンセンサスができてい
る[3]。

　ここまでの話からすると，TFP＝イノベーションではない。諸々，
さまざまな要因で成長したその他の項目，と考える方が正確かもしれな

い。しかし，長年の経験から，TFP はイノベーションと同義と考えられる。歴史的データで検証してみると，TFP の変動とイノベーションが発生した時期はほぼ一致するからである。

　各国の成長率を検証してみると，最も大きな役割を果たしているのは TFP，つまりイノベーションである。この点について，経済学にはコンセンサスが形成されている。

　さて，アメリカの経済成長は最近鈍化しているのだが，この原因として指摘されているのが TFP の低下，つまり，イノベーションが鈍化していることにあるとされている。図7.4 は，IMF スタッフペーパーから抜粋したものだが，アメリカの TFP は 2000 年前後に，一度，1.75%近くにまで上昇する。1996 年～2004 年，アメリカの実質経済成長率は平均3.5%であった。この国の潜在成長率は1%～2%水準であるが，それが3.5%で成長し続けたことは驚きではある。さらに，その3.5%成長の半分が TFP の伸び，で説明されるのである。イノベーションを促した最大のものは，IT 技術である。実際，この時期のアメリカの特許数は，IT 関連を中心に急速に増加している。つまり，アメリカはこの間，物的資本や人的資本では説明できない，生産性の改善を果たしたということである。

　一方，2005 年以降，TFP は低下し，それと同時に，実質経済成長率も徐々に低下してきた。その理由は，アメリカ経済をけん引した IT 技術がピークを打ったから，と捉えることもできる。さらに，Gordon (2016) のように，アメリカは長期衰退に入ったと考える専門家もいる。このあたりの論争は，人工知能など AI が我々の未来に絡んだ議論として興味深いので，さらに検討しよう。

7.4.2　イノベーションに関する理解

　本書は，しばらく，議論の本筋から離れることにする。伝統的経済学では，イノベーションが，偶然，あるいは奇跡によってしか発生しえな

いと考えてきた[4]。しかし，最近の経済学は，必ずしもそうは考えていない。イノベーションは人為的に起こせるというのである。しかも，かなりの頻度で引き起こされるという。

1990年代に経済学に確固たる地位を築いたRBC（リアル・ビジネス・サイクル：Real Business Cycles）が，この議論に火を付けたと言ってよいであろう。RBCのエッセンスは，経済変動が定常状態を維持しながら発生するというものである。定常状態とは，需要と供給が等しく均衡している状態と考えてよい。

この発想は，従来のケインズ流の考え方とは根本が違っている。マクロ経済学は，ケインズの登場で大きく進歩した。経済の好不況は，何らかの経済ショックによって定常状態から逸脱してしまう現象である，とケインズは考えたのである。不況は，需要の不足によって定常状態から逸脱してしまったことで発生する。これを克服するには，有効需要とケインズが呼んだ需要を増やし，不況を終わらせる必要がある。金融政策や財政政策を使って，人間が定常状態に戻していくべしと主張した。

ところが，RBCでは常に定常状態にあるのだから，有効需要対策としての財政・金融政策は効かない。それどころか，効かないのに人間が余計なことをするために，事態を一層悪化させてしまうこともある。

常に定常状態にあるのなら，自律的に経済は決まることになる。自律的などと言うと，理解に苦しむ読者もいるであろう。要するに，自律的に勝手に地域固有のメカニズムが内部で働いて，経済は決まってくる。各国バラバラに決まる，ということである。実際，世界各国は，財政政策も金融政策も整備されている。それを支える市場も比較的似たような制度が導入されている。それでも，各国の経済成長はバラバラである。日本が不毛の10年，あるいは20年の不況にある中で，アメリカや中国は成長を享受した。これは各国固有の経済要因が働き，それぞれに定着するところに落ち着いた結果であるというのである。

内部で自律的に経済成長する上で，イノベーションが重要な役割を果

たしている。RBCではそのように考える。ならば，偶然に任せるのではなく，内なる力を巧みに利用することで，意図した特定の産業領域にイノベーションを起こすこともできるはずである。

この議論は，アメリカの企業経営のダイナミズムに一致する。アメリカに限らず，企業は，すべからく新しい技術の開発に熱意を持ち，生き残りを賭けて，強い意欲を持って，技術開発を巡る戦いを挑んでいると言って過言ではない。企業経営者の多くが，自社の技術開発が成功することを期待し，日々努力している。アメリカが目指した特定産業，あるいは，「方向性あるイノベーション」とは，ITの分野であった。90年代以降，アメリカは大いに，この分野に力を入れた。

特に力を入れたのは，IT技術をこなす人材の養成である。そのため，後述する科学分野であるSTEM（Science Technology Engineer Mathematics）に力を注いだ。その結果，科学技術，数学で専門教育を修めた人材への需要が大きく拡大し，大卒者へのスクールプレミアムが発生したのである。何度か触れたように，高卒者と大卒者では，3倍近い年収差が発生している。アメリカはSTEMの領域に力を注ぎ，方向性のあるイノベーションを実現したかもしれない。しかし，それでもIT産業の激しい生存競争に生き残る上で必要なイノベーションを持続するための，専門知識を持ち合わせた人材は足りなかった。専門技術者への超過需要が発生し，賃金は引き上げられていった。STEM教育に力を入れても間に合わない人材不足を補ったのが，技術移民の積極的な受け入れである。方向性を持ったイノベーションとしてIT産業を目指したアメリカが受け入れた，専門知識を有する技術移民は200万人近い数である。

この点を，もう少し解説したい。アメリカは，方向性を持ったITイノベーションを実現した。とりあえず，その前提で議論を進める。

実現した成長の増加分は，物的資本（図7.5の矢印1）か人的資本（矢印2）として蓄積され，次期の生産へと連なっていく。その際，その大半は物的資本への蓄積であり，人的資本への蓄積はそれに比較すればわ

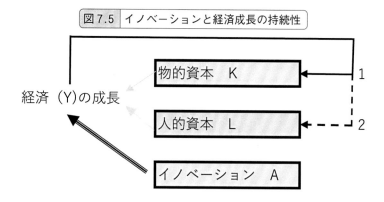

図7.5 イノベーションと経済成長の持続性

物的資本　K

経済（Y)の成長

人的資本　L

イノベーション　A

1

2

ずかである。例えば，人的資本の蓄積には，労働者の数が増えることである。

しかし，RBC など最近の経済が想定しているのはそれだけでない。労働者の質を高めるような教育も重要なのである。例えば，Jorgenson (2017) は，労働者の質を高める上で，教育が重要だとしている。現実には，労働者の数を一気に増やし，労働者の質を画期的に改善することは容易ではない。建物や生産設備の新規設置などに比較すると，人間の質を変えることは難しいのである。

ITイノベーションを実現したアメリカは，IT 産業の収益は拡大し，物的資本の蓄積も進んだはずである。これは，その次の段階のアメリカの生産性にどのように影響したのであろう。この点を，理論的に考えてみよう。まず，生産性は，次のように表現される。

生産量を Y，物的資本を K，人的資本を L とする。物的資本と人的資本との資本の配分比率を $\alpha : 1-\alpha$ とすれば，コブ－ダグラス型の生産関数は次のように表現される。さらに，A は技術水準である。

$$Y = AK^{\alpha}L^{1-\alpha} \tag{7.1}$$

この式から，資本の（限界）生産性を求めてみよう。これには，上の式を資本 K で一回微分すればよい。

$$\frac{dY}{dK} = A\alpha K^{\alpha-1} L^{1-\alpha} = A\alpha \left(\frac{K}{L}\right)^{\alpha-1} \tag{7.2}$$

　ついでに，労働の（限界）生産性も求めることができる。もとの式を労働 L で一回微分すると以下のようになる。

$$\frac{dY}{dL} = A(1-\alpha)K^{\alpha}L^{-\alpha} = A(1-\alpha)\left(\frac{K}{L}\right)^{\alpha} \tag{7.3}$$

　物的資本 K が増加するにつれて，物的資本の生産性 $\frac{dY}{dK}$ は低下していく。念のため，図に示すとしよう。縦軸に資本の生産性をとって，横軸に資本をとればゆっくりと減衰するような図7.6になっている。長期的に見れば，物的資本の生産性は実質金利に等しくなる。実際，アメリカを見ると，1990年以降のIT産業の躍進の中にあって，資本の生産性の低下に合致するように，実質金利が緩やかに低下する傾向にあった。物的資本の生産性低下を食い止めるには，どうしたらよいか。この式をよ̇く̇見てみよう。気が付かれた方もいるのではないか。Kが蓄積されるのと同一テンポで，人的資本も蓄積されればよい。例えば，K が増えるのと同じように L も増やせるとしたら，$K = L$ が達成されるはずである。この時，図7.6の＝＝線に示したように，物的資本の生産性曲線は Aa で直線になる。物的資本が一定となり物的資本の生産性は低下しない（$\frac{K}{L}=1$ となるので）。つまり，次第に生産性が逓減するようにはならないのだ！　我々のイメージしやすいように言えば，仮に，こうした状態を実現できるのであれば，その国は永遠に成長し続けることも可能になってくる[5]。

　ところで，人的資本の生産性はどうであろう。この式を使うと，人的資本の生産性は物的資本の増大とともに上昇する（図7.7）。長期的に見れば，労働生産性の上昇とともに，（実質）賃金は上昇する。これは，別の解釈をすれば，物的資本に比較して人的資本の稀少性が増すことで，労働の価値である賃金がアップするからと考えてもよい。

　実際，スクールプレミアムに象徴される技術労働者の賃金上昇は，

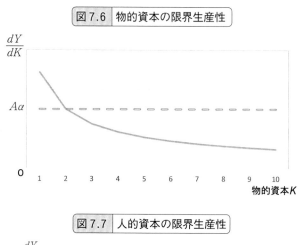

図7.6 物的資本の限界生産性

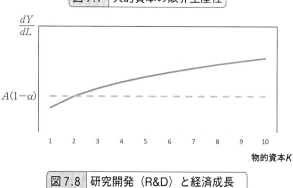

図7.7 人的資本の限界生産性

図7.8 研究開発（R&D）と経済成長

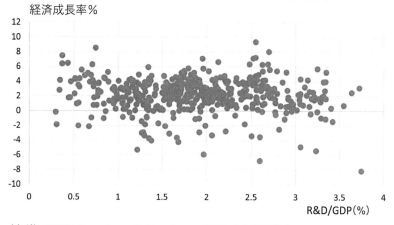

OECD14か国のR&D／GDPと経済成長

（出所）OECD Gross domestic Spending on R&D より著者作成

IT産業などの先端産業の労働生産性が上昇した結果である（図7.8に対応）。平たく言えば，技術労働者が企業にとって有難い稀有の人材に見えたということだ。

　企業がこの専門技術労働者の賃金を抑制するには，技術労働者を海外から受け入れるのが手っ取り早い。例えば，いったんITイノベーションで経済成長に火が付き，物的資本Kの蓄積スピードが加速化されたとしよう。このイノベーションを持続するには，物的資本（K）の蓄積に等しいペースで人的資本（L）も積み上がっていくことが肝心である。それには，大きく二つの方法があると考えられている。一つは人的資本の蓄積を加速化させるために，移民を受け入れることである。もう一つは，人的資本Lの質を改善するために，教育に力を入れ労働者の質を改善することである。これについては次の章で踏み込んで議論することにする。

　ともかく，このように考えると，方向性を持ったイノベーションを大胆に取り入れたことが，現在のアメリカの諸問題の根本にあることが理

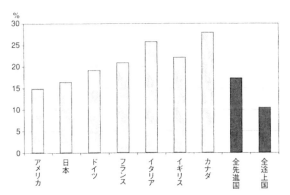

図7.9　R&Dを引き起こす長期的な産出量の増加

先進21か国がGDPの0.5％のR&Dを継続した場合の長期的な産出量の増加分
（出所）Bayoumi, Coe and Helpman（1999）

解できよう。

　ところで，この考え方は，どれ程，納得的なのであろう。これについては，意見が分かれる。私自身は懐疑的である。実際，OECD 諸国の研究開発／GDP（軸）と経済成長（Y 軸）の関係をとってみた。図 7.8 に示したように，日本やアメリカ，欧州諸国などを含む 14 か国について観察すると，両者には明確な関係が見られない[6]。

　方向性あるイノベーションの発想では，技術進歩は経済内部で発生する。もっとはっきり言えば，人間は神しか動かせないはずの技術という変数を，工夫次第で動かせるという考え方がある。しかし，世界的に見たとき，そのような事実は確認されないのではないかというのが，筆者の印象である。つまり，世界的に見れば，どの国も財政や金融政策こそ，マクロ経済の安定にとって重要なのである。

　しかし，この私の見解に合意するのは，慎重にされた方がよい。というのも，経済学のコンセンサスはそうではないからである。やはり，イノベーションと R&D には関係があるという。この分野の代表的な研究論文の一つである Bayoumi et al.（1999）は，先進 21 か国の経済成長と研究開発（R&D）との関係を計測している。図 7.9 は彼らが内生的成長理論を組み入れた IMF モデルを使って計測したものである。ここでは，80 年間，GDP の 0.5％の研究開発（R&D）投資を毎年続けた場合にどうなるかを示している。先進国では，新技術の伝播効果を通じて「80 年間」で平均 17％以上の産出量の増加を実現するのである。また発展途上国でも，10％程度の産出量増となると推計している。

7.4.3　イノベーション力は低下しているのか

　アメリカの場合，TFP は 2000 年代前半に一旦レベルアップしたものの，その後は停滞していると考えられる。アメリカは膨大な研究費を使う。それでも，なお，アメリカ経済は，技術水準が恒常的に上昇する仕組みを整えることに成功したわけではない。

さらに，議論を複雑にしているのは，イノベーションが，統計に反映
されるとは限らないという，統計技術上の問題である。現在我々が利用
するマクロ経済の状況を示す GDP 統計は，技術進歩を統計的に捉え
データとして反映されるようにはなっていないからである。この点は，
Brynjolfsson と Gordon の興味深い論争に集約されている。

特に，Brynjolfsson が指摘しているのは，現在進行形で進む技術進歩
が，一見すると市場価値ゼロのツールとして普及していることである。
インターネット，Line，Google，Facebook，linux など情報やパーソナ
ル PC の背景で動くソフトなど，先端ツールは無料か極めて低価格であ
る。もっとも，ただというのは正確ではなく，エンドユーザーの利用料
金が無料であっても，Google などは広告宣伝費などで稼いでいる。今
や，Facebook や Google はアメリカ株式市場の時価総額では最大の大
企業に躍り出ている。しかし，GDP の定義が最終財の市場価格で評価
するという基準であることからして，エンドユーザーの情報端末利用を
正確に GDP 統計に組み込んでいるのか，あるいは組み込むように柔軟
に統計ルールが改正されているのかは疑問だ。

また，最近のアメリカの技術開発のダイナミズムは，だれが活性化さ
せているのであろう。例えば，Nager et al.（2016）は，アメリカにおい
て上位ランクに評価されるイノベーターの国籍，性別などを詳細に報告
している[7]。

例えば，上位 100 位にランクされるイノベーターの 46％は，移民な
いし幼少期に外国から移住した人々である。しかも，その出身国籍は
35％が欧州，21％がインド，中国が 17％となっている。その 6 割は博
士号を有しており，所属企業も 6 割近くが従業員 500 人以上の成熟企業
である一方，25 人以下の小企業も 16％を占めている。実は，アメリカ
のイノベーションに，移民や外国人が少なからず貢献している[8]。

適切な表現ではないかもしれないが，移民を活用することで，イノ
ベーションが安く，効率的に実現されているのである。Florida（2004）

では，イノベーションや都市の活性化について論じている。その中で，都市のダイナミズムは，

  (1) 才能の集積

  (2) 多様性を許容する寛容さ

  (3) 大学などと隣接するなどの立地

の三つが大きく影響することを，データを使って示した。中でも，移民を積極的に受け入れ，多様性を許容する度合が高くなる程，その地域に高い技術を持つハイテク産業が集中する傾向にある。こうした議論を踏まえると，世界をリードする規模で研究開発費を企業が積極的に支出する姿勢は，イノベーションを生む素地であることは理解できる。政府が，明確な意図を持って，戦略的に民間企業を誘導したのである。

　しかし，それ以上に重要なのは，多様な価値観を許容し柔軟な発想を生む環境である。この点でアメリカは世界をリードするスタイル，これをあえて前述した Florida 流に言えば，ボヘミアンな企業カルチャーを許容する環境を有している。イノベーションを活性化させる上で，国家によるサポートの必要性を唱えてきたつもりである。しかしよく考えると，アメリカの企業や人々は政府の戦略に応えるだけの素地を持ち合わせていたということなのかもしれない。つまり，その国の素地こそ重要，ということなのだろう。

7.5　アメリカを長期に展望する

7.5.1　長期停滞論

　これまでの話をまとめたい。データで確認する限り，2000 年以降のアメリカでの生産性低下をどのように捉えるべきなのか。

　考えられるのは，サービス化が急激に進んだアメリカで，イノベーションに限界が来ているのではないのか，という点である。例えば，GAFA に象徴されるアメリカの新興企業は，最近では，深刻な社会問

題を引き起こしている。Facebook は，個人情報の不正収集と利用によってその社会性に疑問を投げかけられ，アメリカ議会でも追及された。それだけでなく，税負担を軽減するため，現行の税制度の盲点を巧みに突く GAFA の経営は，日本を含む世界的問題になっている。時代の変化に応じた税制度の導入と言えばそれまでだが，大きな変更を余儀なくされている。行き過ぎたサービス化の経済効果に限界があることは，ボーモル効果と呼ばれ，すでに，1960 年代から予言されていたことではある[9]。

　データを追っていくと，アメリカの生産性低下の背景には，全要素生産性が影響していることを説明した。全要素生産性，つまり技術水準が次第に低下してきているのである。アメリカの技術開発投資は世界一であり，その投資を効率的に利用して新しい創造的な技術を生む都市環境も，進歩的である。前述した西海岸での産業や技術の集積が，まさにそうである。

　しかし，実際の技術レベルは 2000 年後半から低下してきている。人工知能や新たな医療技術などが次々に生まれているが，それが経済的に大きな効果を生んでいないのである。これを，どのように解釈すべきなのかで，悲観論と楽観論で論争がある。

　例えば，Gordon（2016）は，情報をコアとする新しい技術が持つ経済効果に懐疑的である。将来のアメリカ経済についても悲観している。その趣旨をまとめると，AI などを含む最近のイノベーションが，過去のイノベーションに比肩し，経済効果が小さいというのである。水蒸機関などの動力革命は人馬に頼った経済活動を根本から変えた。また，20世紀前半の石油を利用した強力な動力が航空機や船舶に画期的なスピード化をもたらした。さらに，家庭内に普及した電化製品は女性を家内労働の負担から解放し，女性の社会進出を促す契機になったと考えられるのである。最近の情報やネットの革新的技術は，便利な道具ではある。しかし，その経済効果やインパクトは，過去のイノベーションに比べて

あまりに小さいという。

こうした悲観論は，Eggertsson and Mehrotra（2014）が，理論的に描いている[10]。AI などの最近のイノベーションの経済に与える影響を，理論的に鮮明にイメージできるので紹介する。以下の説明は正確さに欠けるのだが，とりあえず，インフレ需要曲線・インフレ供給曲線を導入する。

まず，我々に馴染みのある需要・供給曲線を思い浮かべて欲しい。通常であれば，縦軸は価格，横軸は量（需要量・供給量）になる。少し乱暴な説明で恐縮だが，この縦軸が物価ではなく，物価上昇率である。そうしても需要・供給曲線と同じ特徴は維持される。つまり，インフレ需要曲線は右下がりとなり，インフレ率が低い程，需要者である家計はより多くの量を需要する。一方，インフレ供給曲線は右上がりとなる。この理由はインフレが上昇するような好況局面で，企業は積極的に財を供給するからである。ただし，供給は完全雇用の水準（つまりその国の生産能

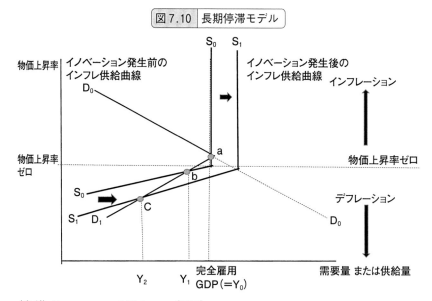

図7.10 長期停滞モデル

（出所）Eggertsson and Mehrotra（2014）

力の限界）に対応する量を超えては生産できない。この限界的な生産量
を完全雇用 GDP と呼ぶが，ここから先は生産できないので垂直な曲線
になってしまう。ちなみに，このインフレ供給曲線は，長い目（長期）
で見ている。確かに長期で見れば，その国の生産量を超えて生産するこ
とはできないため，完全雇用 GDP に対応する生産量で垂直な供給曲線
になる。

　ここで，インフレ需要曲線とインフレ供給曲線に，新しい特徴を加え
る。まず，インフレ供給曲線は，イノベーションによって従来より効率
的に製品を提供できるようになると，右にシフトするのである（図中の
⇒参照）。この図では，イノベーション前のインフレ供給曲線 S_0-S_0 か
ら S_1-S_1 に右にシフトする。

　もう一つ，インフレ需要曲線に，新たな特徴を加える。インフレ需要
曲線は，通常は右下がりの D_0-D_0 曲線である。しかし，インフレ率が
0 近辺になると屈折してしまい D_0-D_1 になるという。もちろん，物価
が低下すれば，商品価格が低下するため需要を刺激する。しかし，物価
が大きく低下してしまうと，負債を抱えた家計は実質のローン残高が拡
大してしまう。これが効いている。

　例えば，3 千万円の住宅ローンを抱えた家計世帯で，仮に急激に物価
上昇率が低下しマイナスになるようなデフレ局面を想定する。3 千万円
の負債は，実質的に前より増えてしまったのと同じ効果を持つ。日本で
は，バブル期 5 千万円近い家が飛ぶように売れたことがある。住宅を購
入する世帯が，自分たちの将来の所得がインフレによって大きく上昇す
ると予想したからである。現在，年収が 500 万円であっても，将来
1,000 万円程度に上がると確信すれば，5,000 万円の物件は年収の 5 倍
程度の買い物にすぎない。将来的に，借金を返済する際，さほどの負担
ではないと予想される。

　ところが，この見込みが外れてしまい，デフレになって将来の年収が
500 万円どころか，250 万円になるという悲観的な予想が支配的になっ

たとしよう。この家計は，住宅ローンの支払いに備えて，消費を切り詰めるはずである。つまり，需要はデフレの状態に陥ると，価格が下がる程，減少するような右上がりの曲線になってしまうのである。

　この二つの特徴を追加すると，どのようなことが起こるか。まず，インフレ需要曲線が，物価上昇率がゼロの線の近辺に近くなると，屈折していることを確認されたい。その上で，需要と供給の曲線が交差する点を確認しておこう。インフレ供給曲線S_0-S_0線とインフレ需要曲線D_0-D_1線の交点は，点aと点bの二つがある。ミクロの入門段階の教科書では，需給を一致させる均衡点は一点である。しかし，先ほど言った家計の負債を考慮したインフレ需要曲線では，需要曲線が屈折しているために，均衡は複数個できてしまう。これは，経済環境次第で，均衡点がY_1のケースも，完全雇用GDPの所得であるY_0であるケースも，どちらも想定されるということである。どちらの均衡に落ち着くのかは，その時の政策であったり，経済環境であったりすると考えられる。

　さて，ここでイノベーションが発生したとする。この結果，インフレ供給曲線は右にシフトしS_1-S_1になる。さて，この場合に需給を反映した生産量はY_2にさらに低下してしまう。つまり，イノベーションが経済を悪化させることがあり得るのである。

　いくつかの条件が重なると，イノベーションは経済を成長させるのではなく，むしろ悪化させてしまう。その条件の一つは，デフレ下で家計世帯の実質負債がかさ上げされるような状況である。Eggertssonたちは，格差社会が深刻化するアメリカ経済で，中間所得層以下の家計が，実は深刻な負債漬けになっていることを危惧している。この状況で，一旦不況が発生すれば，家計部門の消費需要は減退する。消費の減少は企業経営を圧迫するであろう。それに対して，企業は効率化を推進する目的で，AIを導入したとしよう。これは，特に低所得〜中間所得層までの労働者の失業を悪化させ，消費需要のさらなる減退を引き起こす可能性がある。アメリカ経済は，実は，長期の衰退プロセスに入ったという

のである。

　このエッセンスは，金融経済危機が繰り返し頻発すると，中間層以下の人々が，大きく消費を抑制させてしまうことを示唆している点にある。数年とか，数十年間隔で頻発する経済危機は，人々の希望や意欲を減退させ，やがて回復する活力をも奪いとっていく。この議論は，第 9 章の議論と関係する。我々は，今のアメリカに強い危機感を抱いている。

7.5.2　イノベーションへの期待と楽観論

　これに対して，楽観論を展開するのが，MIT の 未来学者である Brynjolfsson and McAfee（2014）である。彼らも，足元，情報テクノロジー分野で発生しているイノベーションが，実体経済に期待されたほどの効果を有していないことを認めている。

　しかし，そもそも，新しい技術が日常的に利用され，人々の生活を大きく飛躍させるには懐妊期間のような時間帯が必要であると主張する。蒸気機関などの発明でも，実際の生活に明示的な効果を現すまで，相当の時間を必要としたし，その間，さまざまな試行錯誤が続いたという。少し時間が経過すれば，絶大な効果があったことが明確になるという。Gordon たちが，イノベーションの限界を唱えるのに対して，近い将来に効果が発揮されるとする楽観的な議論である。

　ただし，彼らの議論のどこが楽観なのか。かなり不安定な社会を予言しているようにすら，思えてくる。革命のようなことではないが，彼らの言う絶大な効果とは，資本主義そのもののシステムの崩壊，とか，資本主義の本質を問われるような出来事らしいのだ。

　まず，彼らは新しい技術を正当に評価する手法を，経済学は持っていないのではないかと，指摘する。現状の経済学の否定である。例えば，GAFA などが提供するサービスは，末端エンドユーザーレベルで言えば，ほぼ無料のサービスである。一方，経済学で定義する GDP は生産

物を市場価格で評価することを基本としており，新技術が引き起こす新しい価値を正当に評価していないと主張する。また，AIの技術が人々の雇用を奪うとしても，それは新しい人類の行動様式の始まりである可能性が高いという。近代国家では，労働の対価として所得を受けてきた。しかし，AIが我々の労働を代替する未来では，結局，我々は職を失い，低所得に甘んじる。しかし，それが問題だと考えるのは，現在の価値観であって，未来人の価値観ではない。長期的に見ると，すべて変わる。特に，労働提供の対価としての所得，労働 ⇒ 所得の流れを保証する上で重要な役割を果たしてきた国家というシステムが壊れる可能性があるという。それにも関わらず，資本主義的な尺度で物事を推し量っても，意味があるのであろうかという，問題提起である。

　では，どのような未来が，我々を待ち受けているというのか。ここではアメリカ経済論を離れて考えてみたい。まず，彼らによれば，国家がベーシックインカムを国民に配給する。なぜ，ベーシックインカムを労働者に支払わざるをえないかと言えば，基本はAIが生産しているからである。人間は，ほぼ何も生産しない状態に陥るから，AIが生むインカムを再配分してもらわなければならない。

　結局，ベーシックインカムの国民への支給によって，労働の対価＝所得という関係が，薄れることになる。

　さらに，我々の提供する労働の目的は所得を得るためではなく，適当な配給を政府から受ける（マイナスの税）ためということになる。企業活動の多くは，その時代になると，AIに依存して成り立つようになってしまう。それでも，特定分野では，人を雇用せざるを得ない。未来人の働く分野は著しく限定されると予想される。例えば，ここでいう国家は，AIが生産する付加価値を回収し，ベーシックインカムとして人間に再配分するという機能を有するという。

　この議論は，さっそく，疑問に直面する。例えば，EUのような形態でも，国家を超えて再配分が行われるのか。ドイツのインカムをイタリ

ア人に再配給するようなコントロールを，EUが行うことができるのであろうか。

　ところで，彼らの議論は現在直面するさまざまなアメリカの問題に，鋭く切り込むテーマを提供している。例えば，AIが発生させる付加価値はだれに帰属するのかという問題である。仮にそれが企業家にほとんど帰属するようなことになっては，アメリカで深刻化する経済格差は一層悪化するはずである。

　そもそも，AIは誰のために存在するのか，という基本的な議論にどのように答えるべきなのだろう。AIが労働と代替するのであれば，AIの稼ぎは補助金として人間に支払われるべきであろう。その際，ある程度国民が納得しえるルールを作成しなければならない。例えば，従来であれば，各自の労働生産性（やる気と貢献度）に応じて賃金は支払われてきた。

　さらに，国家がベーシックインカムのような形でAIが生む付加価値を配分するとしても，どのようなルールによるのだろうか。それとも，価格メカニズムに代替する，新たな取引情報を利用するのか。要するに，我々の現在の行動様式の根本を問い直さなければならないテーマが，次々に発生するはずだ。こういう混沌とした環境に陥った場合，最も柔軟に対応できる，政治・経済システムを備えているのがアメリカ，楽観論はそのように考えているらしい。AIによって新しい段階に入ったロボット化をどのように理解すべきか。これは，移民の問題と絡めるとさらに深く理解できるので，そこでも議論するとしよう。

【注】

1）　日本の就業者数の増加ペースを見ると，アメリカと同様に90年代がピークである。日本の場合，80年代，90年代の就業者数は年換算で60万人程度で増加している。なお，現在の日本の就業者数は約7千万人である

2）　人口（pop）で $C = cY$ の両辺を割ると，$\frac{C}{pop} = c\frac{Y}{pop}$ となる。ややテクニカルな議論だが，この右辺はさらに変形し $\frac{C}{pop} = c\frac{Y}{N}\frac{N}{pop}$ となる。N は労働であり，

一人当たり消費が，労働生産性 $\frac{Y}{N}$ と労働参加率 $\frac{N}{pop}$ によって決まってくる関係にあることが確認される。一人当たり消費＝労働生産性×労働参加率，という関係を変化率に直すと，一人当たりの消費の変化率は，労働生産性の伸び率と労働参加率の変動の和になる。

3） 日本でも日本生産性本部が定期的にデータを発表している。日本の場合，高度成長期には TFP の伸び率は4％であったが，長期的に低下傾向を続けており，現在では1％の水準に低下している。

4） シュンペーターは，イノベーションの重要性を説いた最初の経済学者と言ってよい。彼は，新結合という考え方を使って，従来ある我々の思考法や生産マネージメントなどの，結び付きが少し変更されるだけでイノベーションは発生することを示唆した。例えば，蒸気機関やエネルギー革命などもイノベーションである。しかし，このような大掛かりなものでなくても，ちょっとした結び付きの変更，着想の転換でイノベーションが発生すると主張した。

5） $\frac{K}{L}=1$ の場合，資本の生産性は $A\alpha$ になる。

なぜなら $\frac{dY}{dK} = A\alpha\left(\frac{K}{L}\right)^{\alpha-1} = A\alpha 1^{\alpha-1} = A\alpha$ となる。

労働の限界生産性（MPL）は $\frac{dY}{dL} = A(1-\alpha)\left(\frac{K}{L}\right)^{\alpha}$ となる。

K＝L なら $\frac{dY}{dL} = A(1-\alpha)$ と計算される。

この労働の限界生産性は資本の増加によって，どうなるのか。

$\frac{dMPL}{dK} = \underset{+}{A}\ \underset{+\ +}{\alpha(1-\alpha)}\underset{+}{K^{\alpha-1}}\ \underset{+}{L^{-\alpha}} > 0$

となり K の増加とともに増える。さらに K について二階微分をすると

$\frac{d^2MPL}{dK^2} = \underset{+}{A}\ \underset{+\ +}{\alpha(1-\alpha)}\underset{-}{(\alpha-1)}\underset{+}{K^{\alpha-2}}\ \underset{+}{L^{-\alpha}}$ となり，労働の限界生産性は逓減する。

6） 図7.8 で示した OECD14 か国のデータをパネル化して分析してみると，固定効果モデルでは 実質経済成長率＝-0.883R&D ＋ 3.812 のような結果になっている。つまり，研究開発（R&D）の GDP 比率が高い程，成長率は低下している。

7） ITIF; International Technology and Innovation Foundation。アメリカの公共政策シンクタンク。

8） Census によると，2010 年のアメリカの大学在籍中の外国人留学生は 69 万人，うち 47 万人がアジア（うち中国は 13 万人，日本は 2 万 5 千人），欧州が 8 万 5 千人，中南米が 6 万 6 千人となっている。

9） 貿易財の生産性は，内外の企業と競合し，生き残りをかけてさまざまな工夫をしているため高い。しかし，サービスなど無形財の生産は比較的競合も少ない。サービスは，個人の好みによって，評価も一様ではない。そのため，生産性の改善は容易ではなく，サービス業の生産性は低くなってしまう。このボー

モル効果はコスト病などとも呼ばれ，例えば，公的サービスの生産性が低い理由として指摘される。

10)　従来，日本において，世代間の所得格差は深刻ではないと言われてきた。しかし，最近では 20 代〜30 代の若い世代の消費が伸び悩んでいる。消費性向が低下してきているのだが，この原因にはアメリカ同様の若年層の負債増が影響していると考えられている。特に，住宅取得に伴う負債増加が大きくなっている。

第 8 章

移民とロボット

8.1 移民のアメリカ経済への貢献

　トランプ大統領は，テキサスとメキシコとの間に壁を作り，不法移民の受け入れを拒否しようとしている。ここでは，移民がアメリカ経済に果たしてきた，役割について触れておきたい。アメリカでは，合法的な移民が年間 100 万人（正確には 67 万 5 千人），さらに非合法の移民がこれに加わる。現在，アメリカ在住の不法移民（undocumented immigrant）は1,000 万人を超えており，この扱いは深刻な社会問題である。

　オバマ前大統領は，腐心したあげく，若年の非合法移民に限って合法化移民への転換を認めるような考えを持っていた。合法化移民に転換することで，反社会的な組織との結びつきも消えるであろうし，何より，正当な教育を受けるチャンスも与えられるからである。しかし，オバマ前大統領の人道主義的な発想が，火に油を注ぐ結果となったと言って過言ではない。中南米からメキシコを経由して若者が大挙して押し寄せ，命がけでミシシッピー川を渡る状態を作り出してしまったのである[1]。

　ところで，不法移民は，農業，ホテルやレストランの従業員といったサービス業など，アメリカを支える重要な労働力である。従事する職は高度な知識を必要としないし，賃金も合法移民に比較すれば低い。不法移民の労働条件などを研究した Borjas and Freeman（2019）によれば，

不法移民は合法移民に比較して，高齢な労働者も多く，かつ，労働時間数も長く，劣悪な労働環境にあって，アメリカ経済を支え続けてきたのである。

　まず，移民のデータを押さえておこう（図8.1参照）。アメリカへの移民は，ヨーロッパでユダヤ人の大量虐殺（ポグロム（norpom））が吹き荒れた時期に一度ピークを迎える。19世紀，ヨーロッパは急激な人口膨張に直面し，しかも19世紀後半には経済が飽和状態に達したことから新天地を求めて大挙してアメリカに押し寄せたのである。その数は，1850年〜1910年の合計で4,000万人近くになる。現在の移民ブームは，この時期を上回り，中南米とアジアを中心に，2000年以降は年平均300万人規模で流入している。これが，アメリカ社会にどのような影響を持っていたか。

　第一には，産業構造の高度化，つまり，製造業 ⇒ サービス業への労働者の産業間移転が，豊富な移民という労働供給を伴いながら進行したため，賃金の急上昇などを引き起こすことなくスムーズに行われたことである。現在，製造業では，移民とアメリカ生まれの国民との比率が，

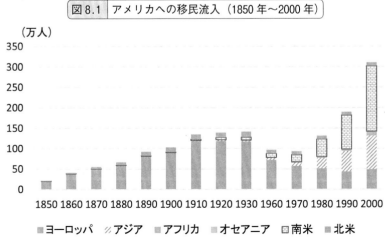

図8.1　アメリカへの移民流入（1850年〜2000年）

■ヨーロッパ　▨アジア　▦アフリカ　■オセアニア　▥南米　■北米

（出所）U.S. Census

1：4程度である。

　実際，多くの移民労働者が就労するホテル・レストランなどの接客サービス，介護サービス関係の賃金は，高賃金な金融サービスの半分以下となっている。サービス業だけでなく，農業でも作業員の賃金上昇が抑えられたことで，アメリカ産農産物の輸出競争力の改善に寄与したとも考えられる。アメリカは，70年代〜80年代にかけてインフレーションに苦しんだが，90年以降の活発化した移民の流入は，賃金上昇を抑制し物価の安定に寄与したはずである。

　もう一つの貢献は，優れた人材の流入である。これは，送り出し国からすれば，優秀な人材がアメリカにとられてしまう頭脳流出（Brain Drawing）という問題でもある。表8.1はCensus統計の一つであるthe Annual Survey of Entrepreneurs（ASE）からとったものである[2]。

　2016年現在，アメリカには440万社の企業が存在するが，そのうち，移民（誕生時点では非アメリカ国籍の人）がオーナーである企業は84万社，全企業の約2割を占めている。企業は，創業して5年以内に消えていくのが大半なのだが，まず，そうした黎明期の企業では，移民をオーナーとする企業数が23％にも達する。アメリカには，ベンチャー企業を創業するためのさまざまなノウハウの蓄積が，1950年代から国家プロ

表8.1	企業オーナーに占める移民の割合	
創業からの年数	企業数	移民オーナー率（％）
2年未満	458,896	23
2年〜3年	632,921	22
4年〜5年	100,170	16
6年〜10年	183,602	19
11年〜15年	121,098	16
16年〜	191,599	10
全期間合計	842,383	19

（出所）U.S. Census

ジェクトとしてスタートした。その基盤があるからだが，移民が企業創業の原動力的役割を果たしている。

　さらに，10年を超え安定期にまで成長した企業でも，約1割が移民オーナーである。この中には，アメリカをリードするまでに成長した企業もある。例えば，Google の共同創業者の一人であるセルゲイ・ブリン（1973年〜）は，モスクワ生まれの移民である。

　また，アマゾンの創業者であるジェフリー・ベゾス（1964年〜）はキューバ移民2世である。STEM（Science, Technology, Engineering and Mathematic）と呼ばれる領域で活動する先端企業に雇用される移民は160万人であり，STEM 全雇用者の22％を占めている。彼らは博士の学位を持ち，35歳未満の若者が3割である。その6割近くは，コンピュータ等，先端情報関連産業に従事し，平均8万ドル以上の収入を得ている。驚くことに，彼らの平均所得は，STEM で働くアメリカ人のエリートたちの平均給料を上回っている。企業からすれば，これだけの給料を支払っても雇用し続ける価値があるということでもあり，移民はアメリカの先端産業をけん引する存在なのである。

　人種別にみると，アジア系の人材が50％を超えている。図8.2はCensus から，人種別の雇用シェアをとったものである。ここでは，STEM のカテゴリーに入る職種にある企業従事者（棒グラフの下）とNON-STEM の従事者（棒グラフの上）の比率を示している。特に，先端科学分野で活躍する職にある人の50％以上が，アジアからアメリカに移り住んだ人である。

8.2　ロボットが与える移民の役割の変化

　移民の活用に，大きな転換が起きている。その背景にあるのは，オートメーション化，あるいは，ロボット化ではないかという説があるので，検討してみよう。AI について，アメリカ経済への楽観論という視

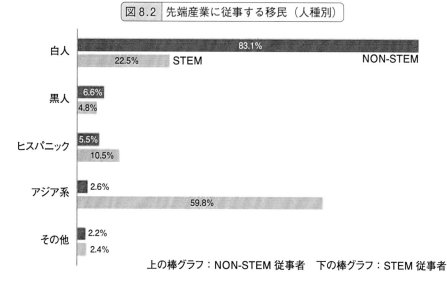

図8.2　先端産業に従事する移民（人種別）

上の棒グラフ：NON-STEM 従事者　下の棒グラフ：STEM 従事者

（出所）U.S. Census

　点から，Brynjolfsson の議論に触れた。しかし，AI によって次の段階
を迎えたロボット化はさまざまな議論を巻き起こしている。例えば，
Robot Apocalypse（ロボットアポカリプス：ロボット黙示録）の到来，近未
来への危惧である。AI の進化で知性を備えたロボットが神の如く存在
し，我々の社会を乗っ取るのではないかというのである。また，それ
程，ロボットの性能が向上するのなら，少なくとも，移民を労働力とし
てこれ以上受け入れる必要はない，というのである。
　まず，アメリカでは，どの程度，ロボット化が進んでいるのかを確認
しておこう。国連（2015）の調査によれば，2015 年段階で導入された産
業ロボットの世界シェアでは，日本が 17.6%，次が中国 15.7%，アメ
リカが 14.7% と第 3 位である。第 4 位が韓国 12.9%，ドイツ 11.2% と
なっている。ちなみに，従業員 1 万人当たりの導入数で計算した導入密
度では，世界一は韓国である。ロボットの世界総供給台数は，年率
10%〜30% のテンポで拡大している。ロボットの導入は先進国の話で

あって，発展途上国には関係ないと思われるかもしれない。実際のところ，世界のロボット供給の約半分は，発展途上国向けである。

　中国のロボット生産能力が，急成長しているのも特徴である。世界ロボット連盟（International Federation of Robotics（IFR））の推計では，2018年の生産台数では，中国が前年の1.5倍となる約14万台で，日本に迫る勢いとなっている。ロボット勢力図は，大きく変化しようとしているのである。ロボットの導入分野は，圧倒的に車産業であり，次に電気／エレクトロニック，金属産業の順となっている。製造業，特に，車などの生産オートメーション化の中で，ロボットは導入された背景を持つ。製造業の産業ロボットの分野で導入を急いだ日本や中国がアメリカにロボット化で先行するのは，納得できる話ではある。日本の場合，車の生産がロボット導入をけん引してきたし，中国のロボット化はアメリカのオフショアリングの結果であるとも言えるからである。実際，アメリカのロボットの導入数は，EUに比較しても7割程度にとどまっている。AI技術が進歩し多方面にロボット化が進むのであれば，アメリカのロボット導入は急加速するであろう。そうなれば，アメリカは人的資本の必要性，ましてや，移民受け入れの必要性は，大きく減退するはずである。

　Borjas and Freeman（2019）は，移民とロボットが雇用に与える影響を報告している。

　まず，表8.2の上段は，ロボットの導入や移民の流入が，雇用にどのような影響を与えるか学歴ごと（高卒，大卒，大学院修了）に推計したものである。雇用数，ロボット台数，移民の三変数はそれぞれデータを対数化している。

　表の見方を説明しよう。推計した係数の意味は，ロボット台数1％の増加が既存雇用者を−2.4％低下させることを示している。さらに，学歴と性を示すダミー変数がそれぞれ使われている。例えば高卒ダミーは−4.3％，さらに性別が男である男ダミーの係数が−1.7％なので，総

156

表8.2　移民およびロボット導入が雇用に与える影響

	全雇用に与える影響	高卒ダミー	大卒ダミー	大学院卒ダミー	男ダミー	女ダミー
ロボット	-2.408	-4.313	-2.865	-1.396	-1.693	-4.287
std	0.095	1.287	1.114	1.163	1.098	0.967
移民	-0.188	1.646	-1.344	-0.551	-0.316	-0.085
std	0.58	0.592	0.622	0.476	0.678	0.576

	男 高卒	大卒	大学院	女 高卒	大卒	大学院
ロボット	-8.414	-6.966	-8.362	-11.008	-9.56	-9.56
移民	1.458	-1.848	-1.055	1.373	-1.617	-0.824

オートメーション化	高水準	中水準	低水準
ロボット	-3.096	-2.419	0.48
std	0.813	1.136	1.63
移民	-1.772	0.375	-0.025
std	0.913	0.082	0.244

（出所）Borjas and Freeman（2019）

合するとロボットが高卒男性労働者の雇用に与える効果は－8.4％となる（＝－2.4－4.3－1.7）。したがって，ロボットが1％増えると，雇用は－8.4％減少するという推計結果になっている。

　表の真ん中は，この要領で計算したロボット，移民が雇用に与える影響を示している。ロボットの導入は，男性よりも女性労働者，さらに，学歴に関係なく雇用全般にマイナスのインパクトを持っていることがわかる[3]。

　移民が雇用に与える効果はどうであろう。まず，移民の流入が雇用削減効果を持っているのは，大卒以上の比較的高学歴労働者の雇用である。むしろ，高卒の雇用は，移民によって拡大するような効果を発揮している。さらに，性別による差がないことも特徴である。大卒の雇用者

は，移民1％の増加で，雇用数を－1.8～－1.6％程度，低下させるのである。アメリカへの技術移民は，アメリカの既存技術者の職を奪うように作用したことがわかる。一方で，高卒程度の労働者の雇用には影響は少なかったと考えられる。現在，アメリカでは移民受け入れを厳しく制限しようとしている。この理由が，移民が，特に，ブルーカラーの労働者の職を奪っている，と言われている。しかし，事実は異なる可能性を示唆している。移民は，むしろ，技術労働者の雇用を脅かしているのである。

　さらに，企業をオートメーション化，つまり機械化の程度によって3つに分類する（高水準，中水準，低水準）。ロボット導入や移民の受け入れ拡大が，既存労働者の雇用を減らすのは最も機械化の進んだ企業である。一方，機械化の遅れた企業は，移民やロボットの影響をさほど受けていない。逆に機械化が中程度に進んだ企業では，ロボット化は雇用を減らすようなインパクトがあるが，移民が増えると既存労働者の雇用も増える傾向があることが示されている。

　ロボットの導入は，企業全般の雇用を一層減らすように作用する。特に，高学歴の労働者について，ロボット化は雇用機会を奪うのである。一方，移民は雇用を減らすとは限らない。少なくとも，非技術労働者は，移民の影響で雇用機会を減らしているとまでは言えない。

8.3　アメリカ経済とロボットと移民

　ここまでの話をまとめておくと，以下のようになる。

1. ロボット化は，雇用を減らす効果がある。特に，技術労働者の雇用に悪影響を与える可能性がある。
2. 移民の流入が，非技術労働者，あるいは単純労働者の雇用機会を奪うような効果を持っているとは言えない。

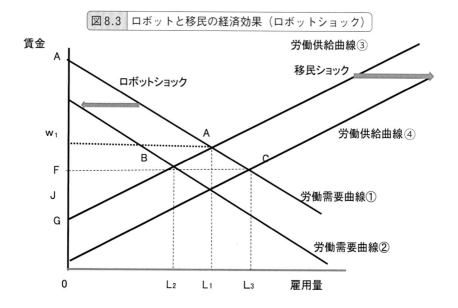

図8.3 ロボットと移民の経済効果（ロボットショック）

　移民とロボットの経済効果を，経済学的に単純な労働需要曲線と労働供給曲線を使って，確認しておこう。ロボットを導入しようという動き，これをロボットショックと呼ぶことにする。一方，移民が雇用として急速に活用されるような環境変化を，移民ショックとしよう。

　図8.3は縦軸に賃金，横軸に雇用量をとり，雇用者である企業の労働需要曲線と労働者の労働供給曲線を示している。簡単に言えば，企業側は，賃金が安い程，積極的に雇用しようとする。一方，雇用される労働者の労働供給曲線は，本来であれば，右上がりの線となるはずである。また，すでに雇用されている労働者は，移民ではないアメリカ国籍の労働者であるとする。このようなカテゴリーの労働者を，便宜上，アメリカ人労働者と呼ぶことにする。

　ロボットショックが発生すると，企業の労働需要は減退し，労働需要曲線は①から②にシフトする。雇用量は L_1 から L_2 に低下する。つまり，ロボットショックは雇用を減退させる。一方，移民ショックは労働供給曲線を③から④にシフトさせるので，雇用についてはプラスの影響

がある（L_1からL_3）。もちろん，この雇用増は，移民労働者の雇用が増えるということであって，既存労働者の雇用機会が増えるわけではない。賃金は，ロボットも移民もどちらのショックが発生しても，引き下がる。したがって，既存労働者の所得は，ロボットショックあるいは移民ショックが発生すると，たとえ雇用が維持されたとしても，低下してしまうことになる。

　Borjas and Freeman（2019）は，アメリカにおける産業別の移民およびロボット導入度を示している。表8.3を参照されたい。上位は製造業で，最もロボット導入率の高い産業は，コンピュータおよびその周辺機器の産業で，ロボット化率は15.9％であった。ロボット化率2位の自動車が12.3％で，第3位のゴム・プラスチックが3％程度であるから，上位二つの産業が群を抜いた導入度である。ところで，この1位のコンピュータおよび周辺機器産業と，自動車産業との大きな違いは，学歴度である。自動車産業の大卒学歴度は55％で，コンピュータ業界の大卒学歴度84％に比較すると，大きく低下する。コンピュータは製造業の学歴度でも，やはり産業界でトップであり，これに比肩するのは教育・研究・開発部門だけである。賃金で見ても，コンピュータおよび周辺機器の水準は業界トップである。これに次ぐのが情報機器産業なので，IT産業が賃金のトップを占めていると考えてよい。

　アメリカは，より高度な知識を使う産業ほど，積極的に技術移民を受け入れている。ロボット化によって非技術労働者の人件費を削減する一方で，その分，積極的に技術者を採用したのである。

　このことを，どのように評価すべきであろう。アメリカは，優秀な技能労働者が，移民という手段を通じて，比較的低い賃金で雇用できたということでもある。つまり，移民を活用することで低い開発コストで，新技術を導入することができたのである。90年代のアメリカは全要素生産性（TFP）が上昇しイノベーションが活発化するが，移民を積極的に受け入れた時期とも符合する。さらに，2000年以降，アメリカは移

表8.3 ロボットと移民の産業別導入状況

順位	雇用者数 (万人)	大卒以上 の学歴率	移民 導入率	ロボッ ト化率	賃　金 (対数)	産業
1	16	84.1	25.9	15.9	3.536	コンピュータ＆周辺機器
2	154	55.1	11.3	12.3	3.018	自動車
3	67	47.9	14.7	3.2	2.924	ゴム＆プラスチック
4	103	48	14	2.2	2.966	金属
5	105	71.6	25.5	2.2	3.272	電機機械
6	55	49	11.1	1.1	3.066	ベーシックメタル
7	72	78.4	23.3	1	3.442	製薬
8	196	43.7	26.1	0.8	2.899	化粧品・食品・飲料
9	125	51	21.8	0.8	2.909	その他の製造業
10	8	56	15.4	0.6	2.987	家事用品
11	16	77.8	26.7	0.6	3.416	情報機器
12	60	60	11.8	0.5	3.132	産業機械
13	94	73.3	20.9	0.2	3.324	医療・医療機器
14	47	45.6	16.1	0.1	2.967	光学装置
15	112	70.8	14.1	0.1	3.372	硝石・鉱物資源
16	382	38.1	30.2	0	2.683	その他の車両
17	93	55.2	10.3	0	3.288	農業・林業・漁業
18	53	42.7	34.9	0	2.827	鉱業および採石
19	103	37.3	15.7	0	2.78	木材及び家具
20	150	61.9	13	0	3.035	紙
21	100	63.7	11.8	0	3.282	その他化学製品
22	121	56	15.4	0	3.063	非特定金属
23	199	60.7	10.8	0	3.265	電力・ガス・水道
24	1,055	40.4	24	0	3.016	建築
25	1,339	85.7	11	0	3	教育・研究開発
26	10,415	66.9	16.7	0	2.974	その他の非製造業

（出所）Borjas and Freeman（2019）

民の積極受け入れ政策を大きく転換した。移民に不寛容な姿勢は，1999年の911同時多発テロ以降，続いている。偶然かもしれないが，ほぼそれと同じ時期に，アメリカの全要素生産性（TFP）も低下し始めるのである。

8.4　教育改革の試み

　最後に，アメリカの教育改革の方向性について若干触れておきたい。前章では，人的資本を高めることの重要性を，確認した。人的資本を高める上で，移民を受け入れるか，あるいは，自国労働者の質を高めるか，大きく二つのオプションがあることを示した。アメリカは，STEM領域での教育に力を入れている。結論から言うと，アメリカは，現在のアメリカの教育システムでは十分ではないという認識を持っている。Jorgenson et al.（2017）は，労働の質を高める上で，教育が重要であることを強調している（図8.4）。前章で述べたように，アメリカの労働生産性は低下してきている。これが消費の長期衰退傾向を引き起こしてしまった。アメリカの労働の質の改善に，教育の効果を高めるべきであるとしている。

　では，どのような教育が労働者の質を高めるのか。特に，STEM教育は，労働者の質を高め，イノベーションを引き起こすインフラを整える上でどれほど貢献したのであろう。この辺になると，少し議論の流れが変わってきている。はっきり言えば，科学重視の姿勢に変化の兆候があると言える。しかも，今後アメリカの教育改革の流れは，10年位のラグを置いて日本にも波及する。そういう点で，我々が知っておくべき議論であろう。

　まず，STEMの教育成果が出ていることは，博士取得者の数を見ても明らかである。アメリカの博士取得者は2015年で約18万人，続くイギリスの2万3千人を大きく引き離している（図8.5）。専門家養成のプ

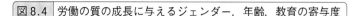

図8.4 労働の質の成長に与えるジェンダー，年齢，教育の寄与度

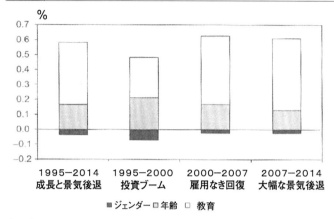

■ジェンダー □年齢 □教育

（出所）Jorgenson et. al.（2017）

図8.5 博士学位取得者数

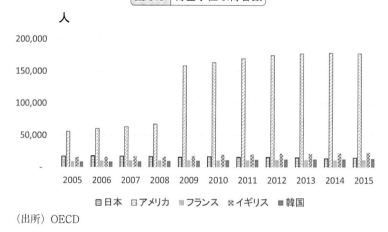

目日本 ◫アメリカ ■フランス ◫イギリス ■韓国

（出所）OECD

ログラムにのって，IT 技術を中心に毎年 20 万人近い博士を輩出する教
育インフラが整っている。では，これが企業の成長に直接結びついてい
るのだろうか。

　アメリカで最も権威のある研究機関の一つで全米経済研究所（NBER;
the National Bureau of Economic Research）は，最近，教育や健康・医療など
の問題に精力的に 取り組んでいる。その研究プロジェクトの一つが，

興味深い報告をしているので紹介したい。Deming（2015）は，アメリカ企業で労働者の特性を，数学が苦手な層と得意な層，もう一つはコミュニケーション能力など社会性が高い層と低い層で分けて，賃金の変化を分析している。賃金が，労働者に対する雇用者による人事評価であるとしよう。STEM で培った数的処理能力を有する人材は，どの程度，企業の活動に貢献しているであろう。

　企業は数学力と社会性とのどちらを，より人事評価として重視しているのか，調査したのである。意外なことに，重要なのは社会性であった。つまり，STEM などで数的専門知識を取得した専門技術労働者が，その後，企業内で高い評価を得て，高賃金と企業内でのポジションを得ているのかというと，必ずしもそうとは限らないのである。むしろ，決定的に重要なのは，社会性であった。STEM だけでは，労働者の質を上げることはできないし，その点を克服する新しい教育プログラムを考

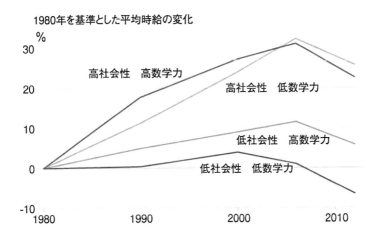

図8.6 職のスキルによる実質賃金の変化（1980-2012）

（出所）Deming（2015）

える必要性があるというのである。

　そもそも，社会性とは何か。それが，どのようにして教育で養われるのか。一つ重要なヒントは，非認知教育（道徳など幼年期の教育）であると考えられている。しかし，非認知教育の効果は日本でも注目されているが，経済学的には確認されているわけではない。

　ところで，数的処理能力が，企業の人事評価に重要な役割を果たしていないと述べた。おそらく，これはAIなどの深化と無縁ではない。ごく近い将来，大学程度の数的処理技術を使った分析はAIが行うようになる。この分野の労働は，AIで代替可能だ。実際，筆者が20年前に専門としていた金融経済の予想分析業務は，AIも行うようになっている。

　もう一つ注目されているのは，ネットなどを利用した遠隔地教育の有効性である。90年以降，アメリカは移民を受け入れてきた。これが，イノベーションをもたらし経済成長を加速させた要因の一つになったと，強調してきた。

　しかし，移民を定住させるための行政上の負担，アメリカ社会に融合させるための社会コストは大きい。例えば，アメリカの公立図書館は，移民労働者向けの多種多様な無料プログラムを準備し，社会への融合を図っている。ニューヨーク市の図書館は，読書や研究資料の閲覧の空間という役割を超えて，移民の初動教育の場として存在している。しかし，遠隔教育が充実し，それぞれの国にいながら，アメリカ企業で働けるだけの基礎能力を高めることができれば，もはや，アメリカに住んでもらう必要性はない。むしろ，自国に居住したまま，アメリカのIT企業の一員としてプログラム開発などに従事することも可能になる。移民としての受け入れには消極的だが，優れた人材を低コストで確保できる外国人は，依然，魅力的なのである。

【注】
1）　不法移民は，1980年代前半に一度，合法移民への転換が認められた。具体的

には1980年以前にアメリカに移民した人は，すべて合法とする転換が促進されたのである。

　また，移民の大量流入には，受入国であるアメリカの事情だけでなく，流出国であるホンジュラスのように中南米諸国の混乱が背景にある。さらに，その原因にはアメリカ政府や企業がこれら地域で行ってきたさまざまな行為が少なからず影響している，とされる。このような歴史的経緯もあり，中南米諸国はアメリカに対して警戒的な態度をとる国が多い。

2）　Censusで発表している基準では，アメリカ以外で生まれ非アメリカ国籍であったが，その後アメリカに移り住んだ人，アメリカに生まれた時点でアメリカ国籍であった人，という区分になっている。前述した移民と若干意味合いが違う。例えば，日本国籍のままアメリカに移り住み企業を創業すれば，このカテゴリーでは移民として扱ってしまう。統計上，これ以上の詳細な情報は追えないので，このまま議論を進める。

3）　まず，この論文では操作変数法を使っている。その理由は，因果関係を検証する上では通常の最小二乗法推計より優れているからである。推計値の統計的有意性の基準としては，計測した各パラメーターを標準偏差（std）で割ったものが，2以上欲しいところである。そうみると，推計パラメーターの中には信頼の低いものがいくつかあるが，概ね良好な計測結果である。

　例えば，オートメーション化が進んだ企業の場合，ロボット化は雇用を低下させる。しかも，この数値がどの程度正しいかは，$-3.096 \div 0.813 = -3.8$でその絶対値は2より大きく，統計的に信用できる。ところが，低オートメーション化企業の場合，ロボット化は雇用を増加させるような数値（$= 0.48$）だが，これを標準誤差1.63で割った値は2よりかなり小さい。統計的には信用できないことを意味している。

第9章

アメリカの金融とその変容

9.1　アメリカの金融資金フロー

9.1.1　金融の形態

　アメリカの金融市場は，巨大で世界一の規模だ。特に，国際都市
ニューヨークを中心とする国際的な取引を行う巨大銀行は，国際金融取
引をリードしてきた。一方，年金やミューチュアル・ファンドに象徴さ
れる，豊かな金融蓄積を促す機能が育ち，預かった資産を運用する金融
機関の存在も多種多様である。とりあえず，アメリカのお金の動きはど
うなっているのか，資金循環勘定（Flow of Funds）を使って確認してお
こう。

　まずは，お金の大きな流れを，日米を比較することで理解しよう。図
9.1は，家計，企業（民間非金融法人企業），地方政府や政府系事業団を含
む政府（一般政府），そして海外の部門別の資金過不足を示している。ゼ
ロより上にある部門は，資金の提供者（出し手）であり，ゼロより下で
あれば資金を取り入れる需要者（取り手）である。アメリカも日本も，
家計部門が資金の出し手として重要な役割を果たしている。主な貯蓄の
担い手は，どの国においても家計である。

　一方，資金の主な取り手は企業である，と言いたいのだが…。あえて
曖昧な表現をしたのは，図を観察すればすぐに気が付くが，日本企業は

図9.1 日米の資金循環

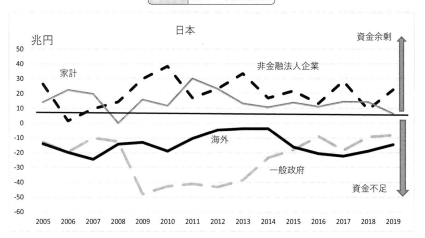

日本

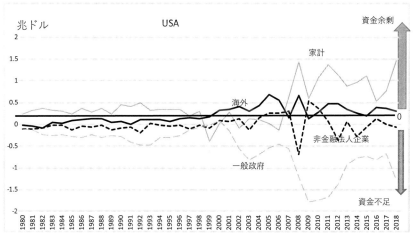

USA

（出所）Flow of Funds（Fedral Reserve Board），資金循環勘定（日本銀行）

資金の取り手ではなくなっている。ただし，アメリカでは，リーマンショックの影響を受けた2009年に投資を手控えたことで，資金余剰を拡大させている。しかし，アメリカ企業は資金余剰を基調とし，資金の取り手であった。

　図を見ると，日本企業は資金余剰となっており，最大の貯蓄部門に躍り出ている。本来，企業は，常に生き残りをかけて投資を行い，新しい

ビジネスを求めているはずである。しかし，実際の日本企業はキャッシュ rich であり，貯蓄の担い手に陥っている。これは深刻な問題である。日本は，この企業部門が 500 兆円以上の金余りとなり，資金の出し手になっている。日本企業は投資を行わない，ビジネスリスクをとらない中で，GDP を上回る資金を内部留保している。

　一方，アメリカはそのような状況には陥っていない。アメリカ企業も，日本企業と同じように，ビジネスリスクに敏感であり，安全志向はある。ただ，アメリカの金融市場は比較的安定している。比較的高い利回りを提供できる仕組みを創り出しては，それで世界中から資金を吸収し，さらに，その資金を必要とする企業に配分していく。この金融機能が，高度に整備されている。

　資金循環勘定を観察して，さらに気が付くのは，日米ともに，主たる資金の取り手が政府となっていることである。政府部門は赤字であり，金融市場を通じて，家計部門等から資金を吸収している。

　さらに，アメリカの場合，海外部門（＝外国のこと）がアメリカへの資金提供機能を果たしている。この本質的な理由については，第 10 章で解説するが，アメリカは経常収支赤字に陥っているからだ。この点を理解するのは案外容易ではない。本書を読み進めることで自然に納得できるように説明する。経常収支赤字の状態が持続可能な理由が重要である。ともかく，長年にわたって，世界からアメリカに国際資金が流入し，経常収支赤字分は補填されている。一方，日本は海外に資金を供給する最大の担い手である。あえて資金循環勘定の考え方に準じれば，海外部門は常時資金不足であり，日本などから資金を供給される取り手である。

　金融は，さまざまな資金のやり取りを支えている。極めて大きな枠組みで言うと，金融は直接金融と間接金融に分類される。間接金融は，資金を持った人（機関）⇒ 資金が足りない人（機関）に，融通する際，間に別の第三の機関が介入する仕組みを指す。典型的なのは，銀行だ。預

金者がお金を銀行に預け，それを銀行が企業等へ貸し出すことで，預金者 ⇒ 銀行 ⇒ 企業という資金の流れが発生する。これを間接金融という。

　一方，直接金融は，お金に余裕のある金融投資家が，直接，企業が発行した株式や債券を購入する。この金融資産を使って，資金が不足している企業などに直接融通される。この取引の間には，いかなる金融機関も介在していない。証券会社が間にいるではないかと思う方もいるだろうが，証券会社はさまざまなお手伝いをしながら見守っているに過ぎない（これをアンダーライティング業務（引受業務）という）。

　どうして，この区分がアメリカの金融を理解する上で基本となるのか。実は，世界の中で，直接金融が優勢なのは，アメリカとイギリスだけと言って過言ではない。一方，日本を含むアジアやヨーロッパ諸国は銀行，つまり間接金融が優勢なのである。実際，2018 年の日米の金融資産・負債の残高を見ると，日本の金融・負債資産残高は約 3,400 兆円，アメリカは 90 兆ドル（約 1 京円）だ。日本の場合，銀行がその資産・負債の半分以上を取り扱っている。それに対し，アメリカの銀行は 2 割程度を扱っているに過ぎない。逆に，投資銀行（日本流に言えば証券会社）など非預金取り扱い金融機関が，半分近くを取り扱っている。

　繰り返しになるが，間接か，直接かは，金融の本質を理解する上でも重要だ。特に，間接金融は，間に介在する銀行と預金者，あるいは銀行と企業との間に，顧客関係という濃密な人間関係が生まれやすい。企業と銀行は，暗黙の顧客関係と呼ばれる人間的なつながりから，企業の信用度などの情報を蓄積し，融資の可否を判断すると言われている。従来，こうした取引関係は不透明性が高く，金融資産の分配という面ではマイナスである，と評価されていた。しかし，最近の研究では，必ずしも，そのような評価が妥当とは言えないこともわかっている。

　ただ，間接金融は，顧客間の結び付きが，金利や取引量にまで影響する。そのため，銀行と顧客の相対（あいたい）型で決定される金利（価

格）は，取引慣行などに左右されてしまう。銀行取引の量や金利は，完全市場のメカニズムとは異なるのである[1]。

　銀行取引の主流である相対型取引の方が，リスクを吸収したりする上で完全市場型より優れている場面もある。一方，直接金融は，誰でも知りえるオープンな情報をもとに価格や取引が決定される。ほぼ完全に，市場型取引である。したがって，企業は自分たちのアイデアや企画次第で，資金を直接自力で調達することも可能となる。

9.1.2　直接金融優位の特徴

　間接か，直接かは，金融サービスを利用する企業や投資家の行動に差異をもたらすことになる。この点を，今度は企業の資金調達活動から見ておこう。企業の資金調達面を見ると，アメリカ企業は銀行への依存が低い（6.1%）。株式での資金調達は5割程度に過ぎず，日本企業と比較して，株式での資金調達が際立って多いわけではない。

　では，何が違ってくるのか。言い方は乱暴だが，アメリカ企業は，1990年以降，錬金術を手にした。アメリカ企業に端を発し，今や世界的な潮流となった企業買収（M&A）の定着である。M&Aは技術開発の時間をお金で購入するという特徴がある。しかし，その経済効果は，むしろ，錬金術にあると言ってもよい。

　M&Aは，企業を買収するプロセスを通じて，被買収企業の暖簾（のれん：goodwill）や特殊技術の特許権などを株価に反映する流れを生み出した。暖簾とは，我々が企業名を聞いたときに直観的に感じる，イメージとでも言えばよいであろうか。これは，企業にだけあるものではなく，職業などにも発生する。例えば，大学の教授，と聞いただけで皆さんは何か連想してしまう。気難しい人に違いないとか，勉強ばかりしていて頭が固いとか，大学の先生だから，さぞかし人格的にも…。企業ブランドは，それだけで財として資産価値を有するのである。暖簾が株価に反映されるとは，これを企業資産価値として組み入れることに等し

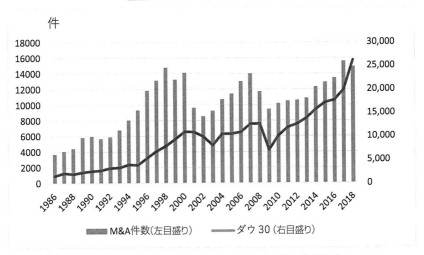

図9.2 ｜ M&A 件数と株価指数

（出所）Institute for Mergers, Acquisitions and Alliance をもとに筆者作成

い。

　従来，アメリカの企業であっても，こうした目に見えにくい，形のな
い（intangible）資産の価値評価は，十分ではなかった。それが一気に，
活発化したのである。企業買収によって，これまで評価に組み込まれて
いなかった暖簾や技術が高評価されることで，株価が上昇するように
なったのである。企業は株価が上がると，その投資環境を利用して，増
資による資金調達を活発化させる。さらに，その資金を使って次の技術
開発を追加する好循環が生まれた。図9.2 は，アメリカの M&A の件
数と，ダウ工業指数を示している。アメリカの株式市場は，80 年代以
降，2000 年前後と，リーマンショックの時期を除いて顕著に取引量を
拡大させている。株価指数と M&A は，連動した動きをしている。
M&A が株価を押し上げると，企業は株式発行を増やし，その資金を
使って，次の研究開発資金や M&A が引き起こされたのである。
　よく言われるように，無名の若者が設立した企業が，瞬く間に世界有
数の時価総額となる。大企業に昇り詰めるプロセスで，マイクロソフト

や Google は企業買収を繰り返し，潤沢な資金を手にすることができた。マイクロソフトや Google は，無名企業を含む被買収企業の暖簾や技術力という intangible な資産価値を，自己の資産に積み増す。それによって，財務上，効率的で優れた財務価値を有する大企業に，短期間に成長することができたのである。

　日米で法人企業の知的資産の固定資産に占める割合の比率を，比較してみよう。アメリカの場合は，資金循環勘定から知的資産／固定資産，日本の場合は，法人企業統計の全産業ベースのデータから無形固定資産／固定資産の比率を計算してみた (図9.3)。日米の会計基準の違いを考慮し，1970 年を 1 に統一して比較した。日本企業は，知的資産を含む無形資産の帳簿価値には大きな変化はないが，アメリカは 1970 年代に一旦比率を低下させた後，1980 年代後半から拡大し始め 1970 年代の 2 倍程度にまで上昇させた。アメリカでは 80 年代後半からの M&A の定着によって，資産としての暖簾や特許権などの価値が企業資産としての重要性を増していった。それに応じて，企業戦略や必要とする人材像を

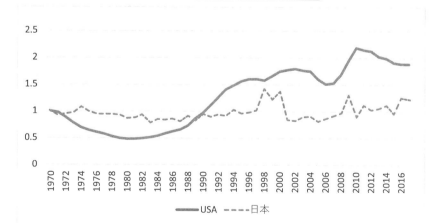

図9.3　知的財産／有形資産比率の変化

（注）1970 年を 1 としている。
（出所）Flow of Funds（USA）　財務省　法人企業統計（日本）

変化させてきた[2]。

　アメリカ経済のサービス化，つまり目に見えない財の生産へ，経済が
シフトしていることを本書は論じてきた。このトレンドを底流で支え，
それを活発化させたのは，このM&A取引の活発化である。この取引
で，株価が釣り上がると，企業はその環境を利用して株式発行をさらに
推進する。それで得た資金を，研究開発や次のM&Aに利用すること
で，企業は資金力を飛躍的に改善させてきた。つまり，流動性
（Liquidity）が加速化した。これが，アメリカの株式市場に象徴される，
金融市場の好調さを生み，この波に乗ることで，企業は再編と研究投資
による成長を手にしたのである。

　資金循環勘定に戻って，企業への資金は誰が担ったのか，確認してお
こう。まず，2018年のアメリカの時価で評価した株式発行残高，いわ
ゆる時価総額は42兆ドルに達する。そのうち，非民間金融機関の発行
済株式の時価総額は26兆ドルを占めている。株式時価総額42兆ドルの
保有内訳を見ると，図9.4にあるように，家計部門が最大16兆ドル，
次に，ミューチュアル・ファンドおよびETFが12兆ドル，さらに，
年金（個人年金＋退職年金）が5千億ドルとなっている。実際，年金の
100％，ミューチュアル・ファンドの50％が家計部門の資金なので，こ

図9.4 ｜ 株式の市場価格ベースでの発行残高の保有者内訳（2018年）

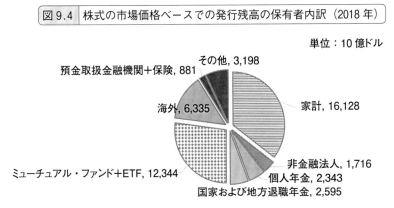

単位：10億ドル

その他, 3,198
預金取扱金融機関＋保険, 881
海外, 6,335
家計, 16,128
ミューチュアル・ファンド＋ETF, 12,344
非金融法人, 1,716
個人年金, 2,343
国家および地方退職年金, 2,595

（出所）Flow of Funds

れらの間接的保有も含めれば，株式の6割以上を家計部門が保有していることになる。

　株価の上昇に支えられて，豊かな生活を送れるようになったという現代のアメリカンドリームは，よく耳にする。アメリカ企業は，ストックオプションを給料に支払い，労働者のインセンティブを高める政策を採用している。特に，黎明期の企業（これをエンジェルという）が，オプションによって優秀な人材を確保するような戦略をとることが多い。この企業が，上場に成功すれば，従業員は一日にして億万長者に成りあがるのである。このような景気の良い話だけではない。実は，株価変動は，家計部門の資産変動にこれまで以上に深刻な影響を与えている。特に，家計部門の保有資産の構成に占める株式のウエイトが高まるにつれ，株価変動が個人消費に鋭く影響するようになってきた。

　資金循環勘定によれば，企業の資金調達は株式だけではないことがわかる。非金融法人企業の場合，資金調達は，株式，債券，ローンが3つの柱になっている。残高ベースでみると，株式は26兆ドル，債券は約6兆ドル，ローンは約1兆ドルとなっている。資金循環勘定はある一定期間での資金のフローも報告している。このデータを使うと，経済の動向に応じた変化を，時間的な経過とともにダイナミックに把握することができる。

9.1.3　資金のネットフロー

　まず，家計部門から見ておこう（図9.5)[3]。

　ここでは，1980年代からの10年ごとの家計部門の資金フローを年平均化することで示している。上の図は下のデータを図に示したもので，棒グラフが資産，背景にある積み立て面グラフが負債である。残高ベースでは，家計部門は株式の最大の保有者である。しかし資金のフローで見ると，家計部門は，1980年代から2000年代まで株式を売り越してきたことがわかる。それが，2010年以降，家計部門の株式保有はプラス

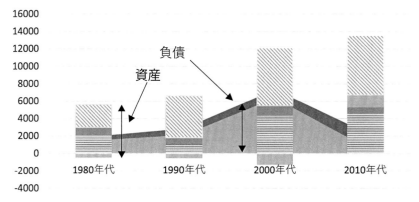

図9.5　家計の年代別資金フロー（資産・負債）

億ドル

■住宅ローン　■消費者ローン　≡預金　■債券　■株式＋MMF　＼年金＋保険

億ドル

	資産項目（フローの年平均）				負債項目（フローの年平均）		資産超過額
	預金	債券	株式＋ミューチュアル・ファンド	年金・保険	住宅モーゲージ	消費者ローンなど	資産－負債
1980年代	2,067	922	-465	2,625	1,481	676	5,149
1990年代	1,095	719	-528	4,810	2,129	1,187	2,781
2000年代	4,311	1,161	-1,268	6,650	6,372	1,411	3,071
2010年代	4,563	718	1,459	6,789	///	2,057	10,696

（出所）Flow of Funds

　に転じ，年平均1,500億ドルの株式を購入している。リーマンショック以降，アメリカの中央銀行である連邦準備制度理事会（Fed）は金融緩和政策を継続し金利を低位に誘導した。低金利の中で，家計部門は収益性の見込める株式への投資を強めたのである。

　金融緩和政策により金利を低水準に誘導し，企業の株式や債券発行による資金調達を積極化させるという目的は，ある程度の効果をあげたのである[4]。

　ところで，アメリカは直接金融が優位であると述べた。それでも，企業の資金調達の2割程度は，銀行ローンに依存している。銀行ローンは，企業投資の重要な資金源泉なのである。銀行ローンの原資である預金は，毎年平均で4,500億ドルにものぼる（フローベースであることに注意）。

　さらに，家計から年金に流入した資金のうち（2000年以降，年平均6,000億ドルの規模で流入），その半分は株式に投資されている。つまり，家計は間接的ながら株式の保有者として最大の役割も果たしている。株式市場が，年金やミューチュアル・ファンドなどのプロの投資家資金に依存する状態を，機関化現象ともいう。機関化現象を伴いながら，家計部門の資金は資本市場に流入したのである。

　家計部門の負債側を見てみよう。すでに第6章でも触れたように，その中身を見ると，その半分は住宅ローンであり，さらに最近では消者者ローンも増えている。図9.5では，棒グラフの背景にある積み立て面グラフが，家計部門のローンである。家計部門のローンは，その大半が住宅関連のモーゲージローンであり，しかも，2010年代に入って，住宅ローンは急速に低下してきている。

　資産から負債であるローンを差し引いた額は，家計部門から流出するネットの資金ネットフローである。図の棒グラフと積み立て面との差額が，ネットでの家計部門から他部門に供給される資金供給量となっている。年代ごとの変化を見ると，このネットフローは2010年代に1兆ドルを超える額に拡大しており，家計部門から企業や政府部門に，大量の資金が供給されているのである。

9.1.4　資金のネットフロー全体像
資金循環勘定の特徴を年代ごとに分析

　前節では，資金循環勘定を使って，最大の資金供給者である家計，および，資金需要の強い企業を中心に，資金フローを観察した。ここで

図 9.6 | アメリカの資金フロー（単位 10 億円）1990 年代

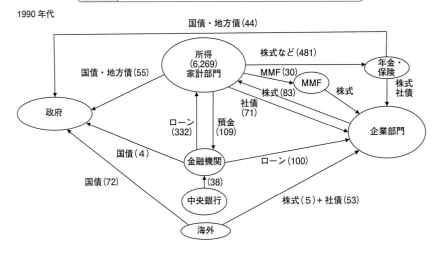

図 9.7 | アメリカの資金フロー（単位 10 億円）2000 年代

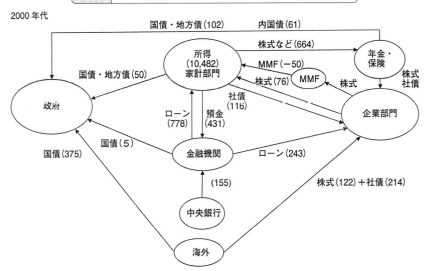

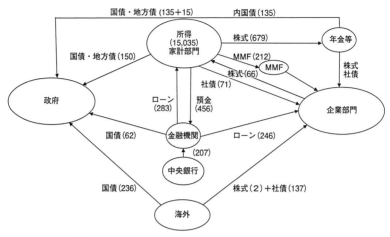

図9.8 アメリカの資金フロー（単位10億円）2010年代

フローデータを年代ごとに，年平均をとっている。
（出所）Flow of Funds

は，資金循環勘定ベース（ただし，フローベースであることに注意）を使っ
て，アメリカの資金の流れの全体像を捉えてみたい。資金の流れをイ
メージするコツは，どの部門が資金の出し手で，どの部門が資金の取り
手であるかに注目することである。第二には，それがどのように変質し
てきたのかを押さえることで，お金の流れが，アメリカ経済に何を引き
起こしているのか，意識することである。

　90年代以降，10年ごとの資金循環の平均像を計算してみた。ここで，
家計，企業，政府，金融機関，中央銀行，外国の6部門の相互の資金取
引を記述している。我々の理解を助けるため，比較的大きな資金取引に
絞って，図に記述した。そのため，本来，資金循環勘定では，inflowと
outflowで取引額は同じになる原理になっているが，ここでは，そう
なっていない。

　資金循環勘定は，ある時点での資金取引を写し取ったスナップショッ
トのようなものである。そのため，金融テクノロジーの一つである証券

化やその証券化を利用したオフバランス取引（簿外取引にすること）のような，最近の金融取引の特徴をどの程度表現できているのか，疑問である。この点に注意を払いながら，検討しよう。

　アメリカの金融資金の流れを一見できるこの図表には，読者にアメリカの誤った金融像を与えてしまうリスクはあるが，それでもなお，重要な情報を伝えている。年代ごとの比較をすると，二つの大きな特徴に気が付く。

　その一つは，年金などの巨大ファンドの成長である。家計部門の金融蓄積は，主に，年金やミューチュアル・ファンドを通じて，企業に流れている。前述の残高分析の特徴では，家計部門の直接的な株式保有は16兆ドルと部門間で最大である。

　しかし年ごとの資金の流れでみるフローベースでは，家計部門は資金が株式市場に圧倒的に流れていく姿は確認できない。むしろ，90年代以降の株式投資フローでは，売り越しに転じている年代もある。最近の2010年代ではどうだろう。株式と社債の資金フローを総計すれば，家計部門から企業部門に直接金融のルートを通じて，資金は差し引きゼロとなっている。つまり，家計部門 ⇒ 企業への「直接的」な投資資金の流れは必ずしも大きくない。家計部門の資金は，年金やMMFなどの機関投資家を通じて，間接的に，社債や株式という形態で企業に流れている。

　もう一つの特徴は，海外からの巨額資金の流入が，2000年代以降，活発化していることである。前FRB議長にして，金融恐慌の世界的研究者であるBernanke（2005）は，こうした世界からアメリカに資金が大量に流入する現象を「うかれた貯蓄（Saving Gluts）」と呼んだが，実に凄まじい。この資金が，アメリカの国債（トレジャリー（Treasury）Bond）や地方債，民間企業の株式・社債投資の購入に向かったことが読み取れる。1990年代のアメリカ国債の購入は年平均720億ドルであったが，2000年代になると年平均3,750億ドル，リーマンショックを挟むため

平均の数字では若干低下した 2010 年代でも 2,360 億ドルという巨額である。

アメリカ金融市場は，国際金融市場と一体化する傾向を強めている。つまり，アメリカに海外からの資金が流入する一方で，アメリカの国内資金は，海外に流出する傾向を強めている。つまり，資産・負債両建てで，海外との取引が活発化しているのである。特に，海外部門はアメリカ国債である国債（TB）への投資選好を強めている。アメリカ国債（トレジャリー）は，さまざまな課題はあるものの世界で最も安定し信頼のおける金融資産である。世界は，この安全資産への投資を，2000 年以降，大いに拡大させている[5)6)]。

もう一つの重要な点は，政府が金融市場に果たしている役割にある。政府部門は，最大の赤字部門であり，それを他部門からの資金ファイナンスで補っている。見方を変えれば，政府は，海外の投資家や年金などの機関投資家に，政府の発行する債券という優良な金融資産を提供している。アメリカの財政赤字は問題であるが，それを十分に支える程のアメリカ国債需要があるという点で，アメリカの財政赤字はサスティナブル（sustainable）である。さらに，企業部門を見たとき，リーマンショックなどの金融危機が投資活動にネガティブな影響を与えたであろうことは，十分想像される。しかし，企業の投資意欲は，比較的堅調に推移している。特に，海外投資家のアメリカ企業への株式・債券投資は旺盛であり，これがアメリカ経済の堅調さを支えている。この特徴は，リーマンショックによっても失われることはなかった。

アメリカの民間企業は，経済のソフト化によって，無形財（intangible goods）の生産に大きくかじを切っている。製造業は，その分，実物の生産を海外にオフショアリングしてきた。こうしたアメリカ企業に対して，海外の国際資金は，高水準のアメリカへの金融投資をすることで，海外資金を還流させてきた。

最後に気が付くのは，中央銀行から金融機関を通じて，供給される流

動性である。90年代と比較して，その額は年代ごとの平均で比較しても4倍に拡大している。中央銀行（Fed：Federal Reserve Board）が，拡張的な金融政策を実施してきたことがわかる。アメリカの場合，リーマンショックによる経済のデフレ圧力を吸収するため，QEⅠ，QEⅡと呼ばれる金融の超緩和政策を実施した。

　こうした金融政策が，経済回復にどの程度の効果があったのか。本書のレベルを超える専門的な議論ではあるが，実は懐疑的な意見が多い。どうしてか。ここで使った図を参考にして説明しておくとしよう。確かに中央銀行は90年代に比較すれば，潤沢に資金を提供している。しかし，その増加のテンポは，海外からの国際資金の流入に比べると緩やかなのである。例えば，経済ショックが発生して海外資金が大きくアメリカへの資金流入テンポを減退させてしまうとしよう。この場合，Fedが一時的に民間金融機関に資金を供給しても，せいぜい減少のテンポを調整する程度の役割しか果たすことができない。政府や中央銀行の力は必ずしも絶対的に大きな額ではなく，大勢は変えられないというのが，懐疑論の根底にはある。実際，Fedを通じた金融機関への資金供給量は，海外からアメリカ金融市場への資金流入の額に比較すれば，半分程度の額にとどまっている[7]。

　少し説明が緩慢になってしまったので，議論をまとめておこう。

1. 機関化現象の加速；アメリカの家計部門は最大の資金供給者である。年金やMMFなどの機関投資家を経由して，企業部門，政府部門に資金を供給するような傾向を強めている。
2. 政府部門の旺盛な資金需要；アメリカの資金需要部門は，企業部門と政府部門が担っている。特に，政府部門の資金需要はさらに旺盛になっている。これは，アメリカの財政赤字が増加基調であったことを反映している。
3. 海外からの資金流入；アメリカの資金供給の担い手として海外部

182

門が重要性を増している。リーマンショック時の一時期を除いて，この傾向は強まっていると考えてよい。

4. Fed の資金供給量の低下；Fed は金融機関を通じて，資金を提供している。ただし，その額は 90 年代に比較して 4 倍にも拡大している。ただし，その資金供給量は国際資金のアメリカへの流入額に比較すれば，半分程度に過ぎない。

資金循環がアメリカ経済に果たす役割

金融の資金循環がアメリカ経済に果たす役割を，論じておこう。この議論は，国際金融面からアメリカ経済を論じる次章で再び論じる。そのため，簡単にしか触れない。アメリカドルは，変動相場制以降，国際的価値を低下させてきた。この現象の背景にあったのは，経常収支赤字の拡大である。ただし，2000 年前後から，ドルが弱くなる基調は転換していると考えて，間違いとは言えない。

この点について，資金フローの面から，もう少し解釈してみよう。これまで，財政の議論などで取り上げた，マクロの基本式を使って経済と金融との連動を確認したい。

経常収支バランス＝貯蓄投資バランス＋財政収支バランス

(6.1 式の再掲)

再び，この式を使う。(6.1) 式は，アメリカの経常収支赤字が投資超過による民間部門の赤字と財政収支赤字によって説明されることを示している。同時に，この式は，資金の流れを暗示している。近年のアメリカの資金フローは，企業や政府部門が資金の超過需要に陥っている。それは，マクロの基本式である (6.1) 式によれば，貯蓄投資バランスと財政収支バランスの両者が赤字（つまりマイナス）であることを示している。直感的に説明すれば，だから経常収支の赤字は，政府部門の財政赤

字や企業の旺盛な投資超過によって発生している。ただし，第5章で述べたように，この直感的説明には，注意を要する。これは，原因と結果を示す式ではない。(6.1) 式は，資金の流れとマクロ経済との関係を含んだ式なのである。

　例えば，海外からアメリカに資金が流入しないとしたら，一体，どういうことが起きるであろう。式を使って考えてみる。つまり海外から資金が流入しないのだから，アメリカ国債を購入してくれる投資家が減るであろう。したがって，財政収支バランスの赤字幅は縮小せざるを得ない。あるいは，海外の資金はアメリカの民間企業の株式を購入している。この資金が枯渇してしまえば，アメリカ企業は投資を行えない。したがって，貯蓄投資バランスの赤字幅も縮小していく。結果として，アメリカ国内の経済は沈滞し，国内需要が衰える結果，アメリカの輸入は減少し経常収支バランスの赤字は縮小していく。そんなことが，含意されている。

　さらに議論を重ねる。今度は，アメリカ政府が財政支出を抑制した結果，財政赤字が現在の水準から大きく減ったとしたら，どうなるか。このような思考実験をしてみる。

　結論から先に言うと，アメリカへの海外からの資金流入は現在のような大規模なものではなかったはずである。まず，(6.1) 式を使うと財政収支バランスの赤字幅は縮小する。したがって，仮に民間部門の貯蓄投資バランスが一定で変わらないのであれば，経常収支の赤字幅は縮小していく。

　そうなると，アメリカへの海外からの資金流入は減少したはずである。最大の理由は，世界で最も安全な金融資産である政府発行のアメリカ国債が，アメリカ金融市場には十分には存在しないからである。この点は，次章の国際金融で扱うことにしよう。

　一度はアメリカに流入するものの，ほぼ直ちに，アメリカから海外に再還流してしまうに違いない。例えば，アメリカの年金は自国の株式や

債券への投資より，海外金融市場への投資を活発化させるような形でアメリカに流入した金融資金を再流出させてしまうのである。

　アメリカからの資金流出は，ドル通貨の価値を減価させることになり（ドル安），やがて，交易条件の悪化からアメリカの経常収支赤字は減少するように作用することだろう。

　ところで，2000年前後からアメリカには，これまでにない勢いで大量の国際資金が流入してきている。しかも，この資金はアメリカの金融市場に投資され，ドル流出のテンポは抑制されてきた。そのため，比較的"強い"ドルが維持されたのである。この強いドルのもとで，オフショアリングを進め，中間財を含む製造業製品の海外製品への依存を強めたにも関わらず，アメリカの国内物価水準を低位に安定させることに成功したのである。

9.2　アメリカ金融小史；規制から自由競争へのプロセス

9.2.1　アメリカ金融業の原型

　アメリカの金融は，ダイナミックであり，その変化の激しさは過酷という表現がふさわしい。1990年以降の金融機関の統廃合は，7,000行を超える。しかも，その統廃合の主役となったのは，主に地方銀行である。

　そもそも，アメリカの金融システムは，少なくとも1970年代まで，厳格で非競争的であった。地方銀行は，一州一店舗主義の考えで，州を超えた業務は認められず，店も本店1店舗に限定されるような，非常に硬直的な経営を強いられていたのである。それが，経済のサービス化による産業構造の大きな変化によって，まったく世の中の変化に対応できなくなっていた。結果，地方の金融再編を契機に，銀行の激しい統廃合が繰り広げられたのである。このような，最新の展開を知る前に，アメリカの金融の歴史を簡単に押さえておく必要があろう。

　アメリカは，今でこそ，最先端の金融テクノロジーを有する世界最強の金融産業を有する。しかし，金融業の在り方については，極めて，保守的な運営であった。例えば，アメリカが国際金融業務に参入するような金本位制を導入したのは，20世紀になってからである。

　特に，銀行業については，規制や制度設計について保守的であった。その根本には，国土の広さ，険しさが関係している。地方に銀行を設立するにしても，業務を維持し，銀行強盗などから安全性を確保するのが容易でなかったからというのである。1860年代に大陸横断鉄道が完成する以前，銀行券や金塊などは駅馬車を利用して西海岸 ⇒ 東海岸に移送されたが，安全性・利便性に欠ける命がけの旅であった。支店網をネットワーク化するような，交通の利便性は容易ではなかったのである。

　もう一つは，国民性である。人の金を使ってビジネスをすることは恥であり，ましてや，苦労して儲けた利益の一部を銀行に利息として支払うことに，相当の抵抗感があったのである。国民性は，銀行経営にも反映されており，銀行が中央銀行であるFedから資金融資を受けることは屈辱，銀行経営者は今でもそう思っているという。もっとも，この国民性説は，納得的ではあるが，むしろ，人々の生活が銀行と親和性が低かった。背景にあったのは，物価水準の高さである。大陸横断鉄道開通前，アメリカは，物資の輸送が容易ではなかった。北部で生産した工業製品を地方に運ぶにも，幌馬車が主力であったから，インフレ率は極めて高かった。預金は，インフレによる貨幣価値の減少に弱く，貯蓄吸収手段としての銀行預金は一般の人々からすれば魅力に欠ける。ましてや，銀行が大きな町にしかない状況となると，利便性に乏しく，利用価値は高くはなかったと想像される。また，名目金利の水準も相当に高く，一般の人々が銀行ローンを組んで新しいビジネスを展開するなど，容易ではない経済環境であったはずである。

　第三は，州の自治と中央政府の関係である。例えば，北部地区の大銀

行が，州を超えた業務を拡大させていけば，金融資本を通じた中央政府
の影響力が強まる。そもそも，アメリカの黎明期の銀行は州政府の認可
のもとに営業を開始した歴史がある。そのため，連邦政府が国の認可に
よる国法銀行を設立しようとしたのが後発である。実際，連邦政府は国
法銀行と呼ばれ，州を超える巨大銀行を設立したが，それらはやがて議
会の反対にあってつぶれている。

　結局，銀行は州法銀行と国法銀行に二元的に管理された。金融業は，
銀行業務と証券業務を一緒に取り扱ったため，直接金融と間接金融が未
分化の金融システムとして，発展することになった。こうした金融業
が，発展のピークを迎えたのは第一次世界大戦の直後であろう。金融蓄
積が急テンポで進んだのである。その一つは，大量生産とそれを支える
大量消費の時代が，個人の貯蓄意欲を高め，株式や不動産などへの未曽
有の投資ブームを引き起こしたのである。「すばらしき哉，人生（1946
年作）」という，アカデミー賞をもらった古い名作があるが，これは第
一次世界大戦後から第二次世界大戦までの，アメリカの町に住む庶民の
生活を描いた映画である。そこでは，不動産ブームの中で，人々が住む
地域を追われる様や，銀行の暗躍などを題材に，庶民の生活を描いてい
る。ともかく，金融投資ブームだったのである。

　さらに，この時期，アメリカは対外的にも投資を活発化させた。第一
次世界大戦を経て，イギリスの金は払底した。この金は，イギリスから
アメリカに流出したのだが，従来の国際金融システムは，一度流入した
金はイギリスに戻すという暗黙の国際金融のルールがあったのである。
この約束をアメリカは履行しなかった。19世紀半ばに始まった金本位
制度は，20世紀前半に消滅したのだが，アメリカが最後の引導を渡し
たと言っても過言ではない。

　アメリカは金を戻す代わりに，ドルを世界に戻したのである。ドルを
使って，従来イギリスが保有していた石油などの採掘権益を購入するな
どして，アメリカはあっという間に世界最大の債権国に躍り出たのだ。

この間，ロックフェラーのスタンダード石油会社のように，石油採掘権を独占的に占有し，やがて，メジャーと呼ばれる国際石油資本による寡占体制を形成したのである（セブン・スターズと呼ばれアメリカ5社，イギリス2社）。

9.2.2　グラス・スティーガル法と安定性の追求

　飛躍的に拡大したアメリカの金融経済は，1929年に発生した世界恐慌でつまずくことになる。直接の原因は，ニューヨークの株式市場が急落したことだが，その最大の原因の一つはアメリカの金融システムが過剰にリスクを抱え込んだからだと考えられる。世界恐慌によって，銀行は9,000行も倒産し，失業は25％を越えた。

　銀行は，証券業務と銀行業務を一体的に行っていたが，これが銀行の与信審査で知りえた情報を使って，企業株式の売買を行ったり，銀行部門では取引先企業への与信を慎重にする一方で，顧客にその企業の株式の購入を推奨するなど，問題行動が続々と確認された。これは，その後，利益相反と呼ばれる問題である。つまり，銀行は，本質的に顧客情報などを使って，証券と銀行との間で利益が異なる取引を行うことができ，しかもそれで利益を稼ぐことができる。この利益相反をチェックする機能が働かないまま，与信活動や株式投資が急拡大したことで，アメリカの資産取引は膨張し，そして，最後には暴落した。これを機会に，銀行の行為は，厳格に規制しなければ，再び，金融恐慌は起こりえると考えられるようになったのである。

　深い反省の末，アメリカの金融関連の規制の中で，アメリカ金融史で最も有名な法律である1933年銀行法，通称グラス・スティーガル法（Glass-Steagall Act）が制定されたのである。考え方の基本は，業務範囲の規制，金利規制，業務の地理的規制を強化して，銀行の野放図な経営を徹底的に防ごうとしたことにある。当時，政府や国民は，効率性よりも安定性を強く求めたのである。

　まず，業務範囲規制として，銀行業務と証券業務が厳格に分離されたのである。例えば，モルガン銀行は，モルガン銀行とモルガン証券にそれぞれ分離され（銀証分離），利益相反が起きないよう，人事交流を含む情報の交換は厳しく禁止された。

　預金獲得競争の激化による銀行間の競争と，経営不振銀行の発生を防ぐため，預金金利に上限が設定され指導された。さらに，金利の上限を規定するレギュレーションＱとして明文化された。

　従来から，そもそも国法銀行による州際業務（州を超えて金融ビジネスを行うこと）は，州の独立性を侵食するものとして何らかの規制が必要であると考えられてきた。これが，州際業務を認めるか否かの判断は州に委ねられるようになった（1927年マクファーデン法（McFadden Act），1956年銀行持株会社法（Bank Holding Company Act of 1956））。そのため，一州一店舗主義を基本とする，かなり厳格な地理的規制が州ごとに維持されたのである。

　厳格な規制の中で，国際金融取引は，ニューヨークのマンハッタンにある巨大銀行に専担されるようになった。いわゆるマネーセンターバンクの誕生である。ただし，ニューヨークで業務を行う銀行の多くも，国法銀行ではなく州法銀行であった。

　一方で，金融市場の政府によるコントローラビリティは，飛躍的に改善される。イギリスでバンク・オブ・イングランドが中央銀行としての機能を付与されたのは遅くとも1840年代，日本銀行が設立され営業を開始したのは1882年（明治14年）であるが，アメリカはイギリスに遅れること80年，日本よりも後に中央銀行制度を導入している。遅れた理由は，中央銀行による規制・監督が州の独立，自治への干渉となり憲法に抵触するという論争が長く続いたためである。発券銀行である連邦準備制度銀行（Federal Reserve System）が，1913年にはスタートしていた。これ以前の，TBの売買による市場への資金供給はモルガン銀行が行っていた。

　モルガン銀行という，当時も今も世界で最も威勢のある民間銀行を
もってしても，20世紀前半に次々に発生した世界的な金融危機に十分
に対応しきれなかった。金融危機発生時の緊急避難的な市場への流動性
供給は，まったく機能しなかったのである。

9.2.3　金融の自由化

　ともかく，世界恐慌への教訓として導入整備された硬直的で保守的な
金融制度は，1970年代前半まで続いた。しかし，70年代，アメリカは
いわゆるブレトンウッズ体制（Bretton Woods System）を放棄し，主要国
との為替取引は変動相場制に移行していた。ドルの対外価値は市場，つ
まり，市場実勢で決まるようになったのである。ドルの対外価値が市場
価格化されたことの影響は，極めて大きく，その後に続く，アメリカの
制度的な自由化の起点となっていると言って過言ではないであろう。

　為替が自由化されれば，通貨のキャリイングコストである金利が市場
価格で動かざるをえなくなる。もう少し具体的に言えば，為替レートの
変動をヘッジする手段としての為替先物やスワップなどの取引が活発化
せざるをえず，先物為替価格と連動するドル金利を固定することは不可
能な状況に陥っていた。もはや，金利の自由化は不可逆な動きであり，
急ピッチに，かつ，段階的に進められた。当初は，短期金利や投資信託
など証券会社が手掛ける商品の金利が自由化されていった。結果，規制
金利 ⇒ 非規制金利への資金シフト（ディスインターミディエーションとも言
い，間接金融から直接金融への資金シフトが起きることを言う）が活発化する中
で，預金金利だけを固定化することの意味はまったく失われた。1980
年代になると，レギュレーションQは廃止され，金利の自由化は完成
した。

　一旦，金融機関が取り扱うさまざまな金利が自由化されると，各金融
機関は競争にさらされた。各機関の商品開発能力とその新商品の価格リ
スクに耐え得るだけの資本力が決め手となり，金融業界に経営格差とい

う厳しい現実がもたらされたのである。当初，金利自由化が進んだ段階では，リスク商品の開発能力に経験値を有する直接金融の代表である証券の方が優勢であると思われた。しかし，意外なことに，すでに80年代後半には銀行の優位性が明らかになる。勝負ありということだが，その背景には，預金を引き受けることのできる間接金融型の金融の資本力が，株式の引き受け業務をコアとする直接金融の資本力を上回ったことも一つの要因である。おそらく，さらに影響したのは，80年代から新しい金融技法として確立された，証券化（セキュリタイゼーション）が銀行経営の効率性を画期的に改善したことである。また，この間，州際業務についても，規制も徐々に緩和されていった。

　あれほど，金融，特に銀行行動に懐疑的であったアメリカ政府が，最終的にグラス・スティーガル法を廃止し，競争と統合を許容する大転換を図った最大の背景には何があるのか。まず，その原点を辿れば，為替レートの自由化，つまり第二次世界大戦以降のドル・金本位制を放棄し[8]，現行のドルをコアとする国際金融システムが，正常に機能する上で，アメリカの金融が果たす役割は大きい。ドルをコアとする国際決済が機能する決め手となるのは，ドルがアメリカに還流することである。これについては，国際金融の知識が必要になるのでここでは解説しない。しかし，思い出してほしいのは，なぜイギリスが敷いた金本位制度が崩壊したのかといえば，第一次世界大戦前後に，金がイギリスから流出し，それがアメリカに滞留してしまったことが大きい。前節でも述べたが，アメリカは，当時のルールを無視して金をイギリスに戻さなかった。

　自国にドルが戻ってくるには，世界のマネーを引き付ける魅力的な金融商品が次々に生まれる必要がある。実際，前節の資金フローを見ても，世界の資金はアメリカへの資金流入を強めている。2000年代に入って，グロスではあるが，アメリカ国債だけで外国の購入は年平均で3,500億ドルを超えている。世界の投資家や富裕層が，自国で金融資産

を蓄積するより，世界で最も流動性の高いアメリカの金融資産を保有し
ようというインセンティブを強く持っている。これは，世界最強の金融
機関であるアメリカの銀行やインベストメントバンクが，次々に魅力的
な商品を提供するからだ。また，それほどの信用を得るだけの，効率
性，安定性をアメリカの金融機関は維持しえているということである。
アメリカは，90年代以降，金融の競争力を高め，それによって，ドル
の魅力を持続することに成功した。このために，政府は，石橋を叩いて
も，なお渡らないという安定重視の金融システムを放棄したのである。
1999年のグラス・スティーガル法の廃止は，まさにその象徴である。

9.2.4　金融改革と規制緩和

　クリントン政権は，アメリカが60年以上にわたって維持してきた銀
証分離（銀行と証券の業務を完全に分離すること）という政策を放棄し，持
ち株会社方式での，銀行，証券，保険の垣根を超えた一体化を推進した
（グラム・リーチ・ブライリー法（Gramm-Leach-Bliley Act））。

　しかし，この辺りから，アメリカの金融システムの方向性，あるいは
規制に関する政府の考え方は，政権ごとに規制と緩和の間を大きく揺れ
ることになる。少なくとも，2008年のリーマンショックまで，金融界
は規制を緩和し続け，銀行は再編を激しく繰り返した。特に，証券化の
手法を使って，高収益と安定性を持続するという理想を達成する上で，
業務の一体化は効果的であった。5章で述べたように，証券化は銀行預
金をオフバランスするので，自己資本比率を高めるため銀行の安定性を
増すように作用する。しかも，オフバランスしても第三者に売却した
ローンは現金になるので，新たな貸出先に向けられる。その点で，レバ
レッジも維持できるため収益性・効率性も保てる。証券化を利用したオ
フバランス取引で，銀行は収益性と安定性を同時に達成できたのであ
る。より正確に言えば，達成できたと信じたと言った方がよいかもしれ
ない。

　しかし，2008年のリーマンショックによって，この見方は一転する。この金融テクノロジーがリーマンショックの要因であると考えられた。そのため，オバマ政権では，逆に，規制を再強化する方向に向かった（ドッド＝フランク法（Dodd-Frank Wall Street Reform and Consumer Protection Act））。特に，シャドーバンク（shadow bank）を使うことで，銀行規制をすり抜けようという取引を規制しようとしたのである。政府は，これを規制する方向に転じ，ボルカー（元FRB議長；Paul Volcker（1927〜2019））ルールと呼ばれる規制を課した。

　図9.9は，アメリカの銀行のROE（Return On Equity；当期純利益÷自己資本）を右目盛りで，左目盛りにローンの伸び率とその要因を寄与度で示したものである。まず，アメリカのROEは世界の銀行の中で，相対的にかなり高い水準である。特に，金融の隔壁と呼ばれた銀行と証券の分離が取り払われ，ある意味，金融サービスをフルレンジで行えるようになったことで，銀行のROEは15％レベルという高水準で推移した[9]。

　ROEは，分子が利益，分母が自己資本をとった指標で，自らが投じ

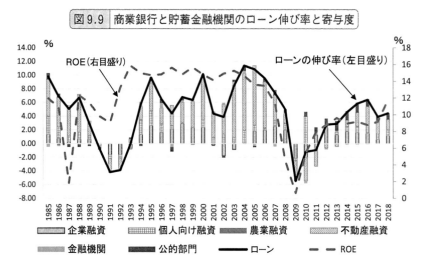

図9.9 商業銀行と貯蓄金融機関のローン伸び率と寄与度

（出所）FDIC（連邦預金保険公社：Federal Deposit Insurance Corporation）より著者作成

た資本でどの程度の利益をあげることができたかを示している。

　ところで，左目盛りは，アメリカの銀行（商業銀行と貯蓄金融機関）の
ローンの変化率と，その要因を示している。アメリカの貸出額は FDIC
（連邦預金保険公社；Federal Deposit Insurance Corporation）によれば，約10
兆ドル（2018年末）であり，90年以降，平均年率4%で拡大している。
ローンの伸び率が，経済の成長率を上回る水準で拡大していることか
ら，リーマンショックなど一時期を除いて，順調に拡大していると言っ
てよいであろう。このローンの伸び率と ROE の推移は，ほぼ同じ動き
をしており，銀行の好調な業績と信用（ローンなどの流動性資金）拡張と
が，相互に関連していることがわかる。さらに，その寄与度をみると，
土地を担保とするローン（項目名としては不動産融資）の拡大が，最も関係
していることがわかる。

　実は，この辺りに，グラス・スティーガル法が廃止され，銀行と証券
の垣根が消えた後の金融の姿をイメージできるヒントがあるのではない
か。まず，ROE は90年代初頭から急激に回復した。同時に，不動産を
担保とするモーゲージローンなど，信用が拡大したのだが，それには，
この銀行の垣根が撤廃されたことで発生した，まったく新しい形態での
金融取引が関係している。

　少しこの辺を解説することで，銀行と新しい金融イノベーションに関
する，基本的な理解を深めるとしよう。アメリカの金融で起きている地
殻変動の片りんを理解されたい。

9.3　シャドーバンキングの台頭

9.3.1　金融イノベーションとシャドーバンキング

　結局，アメリカの金融改革は何をもたらしたのであろう。この質問
は，難しい。しかし，金融改革のプロセスで，証券化に代表されるよう
な，新しい金融取引や M&A による企業の統廃合が進んだ。その間，

金融機関は，厳しい競争下で，統廃合を繰り返したのである。FDIC（Federal Deposit Insurance Corporation：連邦預金保険公社）のデータによると，制度改革が佳境となった1990年の商業銀行数は約12,000行であったが，それが2018年には5,000行を切る行数に半減している。1990年の貯蓄金融機関数は2,700であったが，700にまで1/3以下に減少した。商業銀行の合併統廃合は，ピーク時，200行を超える勢いであった。

　ところで，何がもたらされたのか。答えをあえて挙げるとすれば，シャドーバンキングの台頭，ではないだろうか。図9.10に示したように，アメリカの金融市場ではシャドーバンクが伝統的銀行を上回る資金を調達し，取引を行っている。2000年以降，シャドーバンクが金融市場を動かしていると言ってもよい状況にまで，金融業の変容が起きている。シャドーバンキングとは何か。この説明は，容易ではない。しかも，これをしっかり理解しようとすると，相当の金融の専門知識を必要とする。

　金融の専門家は，シャドーバンキングが台頭する金融環境の変化が，

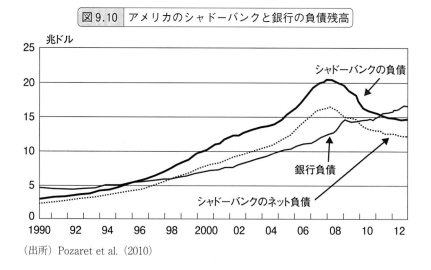

図9.10 アメリカのシャドーバンクと銀行の負債残高

（出所）Pozaret et al.（2010）

リーマンショックなど，最近の金融危機の背景にあると考えている（Pozsar et al.（2013））。

　まず，伝統的バンキングについて確認しておこう。一般に，バンキングは，預金を受け入れ，それを貸出として企業や個人に供給する仕組みを有する。預金と貸出の一つしか行わないなら，バンキングではない。このバンキングの仕組みは，18世紀にはイギリスで現在の形に完成した。預金を原資として貸出をするという仕組みは，さらに追加の預金を生み出す。これは，信用創造という機能である。派生預金などと言うと難しく感じるだろうが，銀行が預かった預金を元に，新しい追加的な貸出を行い，再び銀行（同じ銀行でなくてよい）に預金として戻って，さらにそれを元手に次の貸出が行われる。そして，その貸出は，やがて…という流れが繰り返されることで，預金が創り出される。この流れは，途中で止まってしまえば，信用創造は止まってしまう。これを止めないようにするため，一部の貸出がデフォルト（貸し倒れ）を起こしバンキングのフレームに戻ってこなくても，とりあえず，預金という原資は保護される。銀行が倒産に陥っても，預金を守る保険機能（＝預金保険）が働くようになっている。この保険の原資は税金である。そうすることで，信用創造は，健全に機能するように工夫されている。これがバンキングである。

　一方，シャドーバンクは，預金を受け入れることがないので，預金を原資とする貸出という形での信用創造機能はない。しかし，1990年以降，行動の自由度を高めたアメリカの金融機関は，預金による信用創造に類似した機能を開発した。これには，持ち株会社方式で結びつく証券会社や銀行，さらにはファンドがその担い手として複雑に登場する。我々はこれをシャドーバンキングと言い，勢いとしては既存のバンキングより優勢となっている。特徴として，このシャドーバンクが健全に機能するような工夫の担い手は，国ではなくマーケットであり，そこで利用されているのが，証券化という金融イノベーションである。

9.3.2　証券化について

　シャドーバンクは，証券化をどのように利用するのか。この説明は，初読では飛ばして読んで欲しい。

　本書は，証券化を掘り下げては検討しない。証券化の議論は，ファイナンスの知識も必要で，金融の実践に最も近い知識である。実務に近い分，正確に記述しようとすれば，用心深い，紙面をかけた議論も必要になるからだ。本書は，それを目的としていない。あくまで，証券化のエッセンスを伝えることで，シャドーバンクと証券化が密接に関わっているという点をのみ，説明したい。

　そもそも，証券化とは何だろう。田渕（2012）は次のように定義している。

　「ある資産（あるいは事業）が生み出すキャッシュフローと，それに付随するリスクを，有価証券，もしくは，それに準じる形態で投資家に転嫁する」

　まず，この定義で登場する有価証券について，説明しておいた方が良いであろう。

　有価証券，つまり，証券と銀行預金には違いがある。原則，銀行預金は，他人に譲渡できない。例えば，私がAさんへの支払いの手段として，私の預金通帳そのものを，Aさんに譲渡したとしよう。Aさんは，私の通帳と私の印鑑を持って銀行に行き，預金通帳から預金を引き出すことが認められるのか。これは，法的に認められない。そもそも，預金は預金者である私と銀行との一対一の消費貸借契約である。その契約の一方である銀行を無視して，私が第三者に私の預金通帳を譲渡し，第三者が銀行預金の引き出しを迫ったとしても，認められない。これが原則である。本来，私の預金であった預金通帳が，Aさん，さらにBさん，そして…というように，転々と人から人へ渡っていくことなどありえないのである。

　一方，有価証券はどうか。私の保有する有価証券，ここでは株式とし

よう。これを第三者に譲渡することは法律で認められるし，容易である。私がAさんに株券を譲渡し，それをAさんが売却することはできる。有価証券は，一般に，転々と流通する特性をそなえている。証券化とは，この有価証券の特性を利用している。ある事業や資産が生み出すお金（＝キャッシュ）を受け取ることができる旨，書かれた証券が作られる。これを有価証券として，投資家から投資家に転々と流通する。そのように，工夫が加えられた証書こそ有価証券である。実は，シャドーバンクは，これを創り出す担い手である。

　もう一つ理解すべきは，リスクである。資産あるいは事業から生み出されるキャッシュフローは，必ずしも安定して一定である保証はない。時に，予想外に大きなキャッシュフローを生むこともあれば，あるいは，時にゼロ，場合によってはマイナスなどということもありえるかもしれない。こうしたキャッシュフローの不安定性を，リスクと考える。

　このリスクへの対応，伝統的な銀行業は，非常に特徴がある。銀行は，預金を一般の人々から受け入れ，その預金を原資として，企業や個人に貸出を行うのである。特徴とは，貸したお金が戻ってこないデフォルトを起こした場合でも，預金者にはその影響がまったく及ばないことである。銀行が貸出をした企業や個人が資金を戻さないようなリスク，これをデフォルトリスクと呼ぶが，これは預金者からは遮断されているのである。

　しかし，銀行本体が経営不振に陥ったらどうなるか。この場合，政府が預金保険機構を使って，直接，預金者の元本を保証する。

　一方，株式発行（これは有価証券の一つ）では，このような場合にどうなるか。一般投資家から資金を調達し，企業がビジネスを始めたとしよう。ビジネスに不確実性はつきまとい，その時々でキャッシュフローが大きく異なる。収益があがれば，株式配当は高まり，投資家は高い収益を得られる。一方，ビジネスが不振であれば，配当は下がる。時に，深刻で，企業が倒産すれば，その株式は価値がゼロになってしまう。この

リスクは，投資家が直接負担しなければならない。つまり，リスクは投資家が自己責任で負担しなければならない。証券では，リスクは最終投資家が負担する。つまり，リスクから投資家は遮断されていないのである。

これが伝統的な預金と有価証券の違いでもある。投資家や預金者がリスクから遮断されているか否かで，まったく違うのである。

さて，証券化は，有価証券であるにも関わらず，一般投資家が，この種のリスクにさらされないように遮断することに成功した。つまり，一般の人が預金をするのと同じような感覚で，証券化された有価証券に投資し，その資金が最終的な資金の利用者である企業や個人に流れる仕組みが登場したのである。これを担っている金融機関を総称して，シャドーバンクと呼ぶ。

もう少し議論を進めたい。ここでは，教科書的な議論をする（つまり，実際には，このような単純な取引は存在しない）。いくつかの貸出先のローンをプールして（集めて），一つの塊のような資産（これを裏付資産と呼ぶ）を 100 億円分組成する。この塊の貸出資産は，5%の利回りを稼ぐことができる。ところで，この中身をリスク度に応じて分類する。ほぼ絶対に安全な貸出資産（シニア），中位程度に安全な資産（メザニン），そして非常にリスクの高い資産（エクイティ）と呼ばれる 3 分類に分ける。それぞれからキャッシュフローが発生するため，これを生む有価証券に証券化してみよう。このうち，絶対に安全なシニア部分は，本来，平均で 5%の収益をあげるとしても，それ以下の投資収益でも十分である。そもそも 5%の運用利回りを確保できる裏付資産の中には，デフォルトなどでゼロの収益しか生まないリスクの高いエクイティも含まれている。安全なシニア部分を証券化するのであれば，それより低い利回りの有価証券として投資家に販売する。今，ここではこの利回りを 2%としよう。この割合は全体の 60%，つまり 60 億円とする。次にメザニン部分は，平均の利回り程度，5%の利回りの有価証券として証券化し，投資

家に販売する。残り，20億円のエクイティの利回りは何%が適当か。この利回りを□%として計算してみよう。

　まず，次の式が成立するはずである。また，その数式の関係は，図9.11で示したが，とりあえず説明する。

　100億円の5%で運用する時のキャッシュフローは5億円である。このキャッシュフローを生むように証券化の技法を使って，安全な資産60億円，中程度に安全な資産20億円，それぞれ利回りが2%，5%の証券化商品を市場に供給する。さらに，この裏付資産には20億円のリスクの高い資産があることが判明した。この20億円分の利回りは，何%までつけることができるのか。これを，計算すると，エクイティ部分の利回りを□で示せば，この図で示された左右の関係は，次の式で表される。

$$100 \times 0.05 = 60 \times 0.02 + 20 \times 0.05 + 20 \times \square$$

　この□に入る値は14%（0.14）となる。つまり一度組成した100億円

図9.11 | 裏付資産の証券化

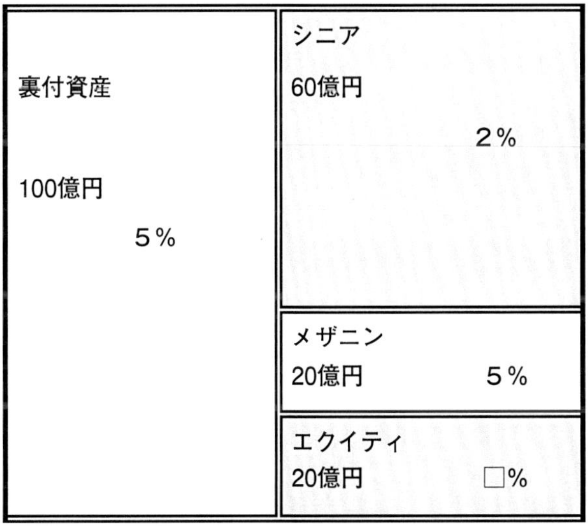

裏付資産　100億円　5%	シニア　60億円　2%
	メザニン　20億円　5%
	エクイティ　20億円　□%

（出所）田渕（2012）をもとに筆者作成

の裏付資産から，最もリスクの高い20億円分の資産部分を証券化商品
として，投資家に販売する時には14％の高利回り金融商品として，市
場に供給できるのである。

　金融市場には，安全な資産での運用を好む人もいれば，少数派ではあ
るがリスクはあっても高利回りを好む投資家もいる。このリスクを好む
投資家に向けて，金融機関は十分リスクがあることを承知の上で，14％
の高利回りの金融商品として販売する。安全な資産は2％でしか運用で
きないが，エクイティ部分を証券化した金融商品の利回りは14％もの
高いものとなる。リスクはあるが，魅力的な金融商品が組成されたの
だ。その上，この証券化によって，シニアと呼ばれる部分はリスクから
遮断される。仮に，リスクの高いエクイティ部分がデフォルトを起こし
ても，安全なシニア部分には影響しないからだ。また，安全な資産を好
む投資家に対しては，シニア部分を証券化し，シニア部分を販売する。
絶対に安全な金融資産は，銀行預金とほぼ代替する金融商品である。例
えば，ドル建てで組成された安全な証券化商品であれば，ドル建ての安
全資産が手許に欲しい投資家は積極的に購入するであろう。また，自分
の国の銀行に預けていた現地通貨建預金を解約し資産運用先を自国から
アメリカへ移していく企業や富裕層もいることだろう。

　こうした証券化を手掛けている金融機関が，シャドーバンクと言われ
る。この中には，元をただせば銀行系の金融機関も，まったく異なる金
融機関も，存在する。しかし，預金と同じ程度の低リスクで比較的高い
利回りの金融商品を一般の人に提供し，その集めた資金を企業投資や不
動産投資に向けていく。この点では，銀行と同じ機能を持った金融機関
なのである。

9.3.3　証券化とシャドーバンク

　銀行とシャドーバンクの関係を，追求してみる。ここでは，Fève et
al.（2018）を使って，シャドーバンクと伝統的銀行との取引の関係を理

解しよう。ABS（Asset Back Security）は資産担保証券と呼ばれる。本書では，このABSは，証券化という技法によって，シャドーバンクが創り出す。

　大きな資金の流れは，家計 ⇒ 企業である。伝統的銀行であれば，家計から預金を受け入れ，それを原資にローンとして企業に貸し出す（ローン1，矢印①に対応）。シャドーバンクは企業へのローン（ローン2，矢印②に対応）を裏付資産とする証券化金融資産であるABSを発行する。したがって，企業は，伝統的な銀行からだけでなく，シャドーバンクからも資金を獲得する（ローン1＋ローン2）。この例では，話を単純にする。シャドーバンクの発行したABSは，銀行が保有するものとしよう。シャドーバンクは，ABSを銀行に売却し，その分，現金を銀行から受け取る。この現金は，シャドーバンクを通じて企業へのローン2に充てられる。

　実際には，一度，銀行の資産として保有されたABSは，さらに証券化されて，別の一般の投資家に向けて供給される。その場合，銀行には手元に現金が入ることになる。

　これにはどのようなメリットがあるのか。銀行は金融当局の監督を受ける。その理由は，一般の人の預金を受け入れているため，銀行が経営不振に陥れば，金融危機を誘発しかねない。ところで，「銀行」は監督

図9.12　バランスシートと伝統的銀行の金の流れ

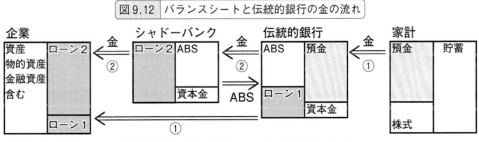

企業，シャドーバンク，伝統的銀行，家計の各バランスシートを示している。
①と②はお金の流れを示す。

（出所）Fève et al.（2018）

されるが，シャドーバンクは銀行ではないため，厳しい規制を受ける必要性はないと考えられている。銀行側に，シャドーバンクを利用する価値は大いにある。

　一方，この仕組みを利用する企業側も，メリットがある。企業は，先端的な証券化の技法を使って，適宜，低コストで資金調達ができる可能性が出てきたのである。銀行，企業，バラエティに富む金融商品を供給される金融投資家，いずれにも経済的なメリットがある。これが，世界的にシャドーバンクを拡大させた背景にある。

【注】
1）　これを最初に明らかにしたのは Stiglitz や Akerlof であった。彼は，取引に関する情報を持っているか否かが，取引者によって異なる情報の非対称性をモデル化した。
2）　アメリカの株式市場では，企業の帳簿価値と株価とが乖離する現象が発生している。これも M&A の活発化によると考えられている。株式市場が暖簾や技術を敏感に組み込み，価格を形成する。これに対して，帳簿価値は会計基準に応じて，無形財の価値を評価する。そのため，株価ほどには，帳簿価値は敏感には変化しない。これが乖離の原因の一つであると考えられている。
3）　実際のデータには，非営利法人が含まれている。
4）　実は，これは日本の金融政策と大きく違うところでもある。日本も，90 年以降の長期の不況の中で，金融緩和を継続してきた。特に，アベノミクスと呼ばれる政策が発動された 2014 年以降，マイナス金利となっている。こうした金利の低位安定にも関わらず，家計が株式投資を活発化するような気配はない。それどころか，中央銀行である日銀が株式を購入する状況にすらなっており，株価が市場の需給を反映していないのではないかという懸念もある。
　　一般の投資家が手を出しにくい市場になっているのが現状なのである。この中銀による株式購入という市場介入は，問題である。公的機関の株式購入は，経済的利益を求めたものではない。つまりマーケットの需給を反映しない株式の購入であり，市場を歪めてしまう。結局，日本では，アメリカのような資産の合理的な裁定が働かないということでもある。金利が低下すると，収益が見込める他のリスク資産に資金シフトする，というような行動が見られないのである。
5）　ところで，最近のアメリカでは，金融政策に偏重した考え方を改め，財政を使うべきではないかという議論がある。この議論は，にわかにアメリカで活発化している。この資金循環を見ると，財政の発動に伴う国債の発行は，世界の

投資需要を緩和する。結果的にリスクのコントロールが比較的容易な金融ア
セットでの運用をもたらすので，金融システムは安定化する。

　もちろん，財政赤字の野放図な拡大は，やがて，物価の高騰を引き起こすと
いう経済学の基本からすれば，この考え方は支持されない。しかし，現実には，
不況期での中央銀行のあり方について，さまざまな議論が登場してきている。

6）　実は，これと似た状態は，90年代のバブル期に，日本の金融が経験したこと
　　である。その際には，日本の資金は，海外市場を迂回する形で，日本に再流入
　　した。銀行の資産・負債は両建てで，拡大したのである。

7）　例えば，金融バブルに中央銀行はどの程度の抑止力を持っているのか。これ
　　について，BISとFedはまったく異なるスタンスである。BISは「中央銀行は
　　金融バブルなどを発生させないよう金融政策を運営すべきであるし，バブルを
　　未然に防ぐだけの力がある」と主張する。

　　　一方，Fedは中央銀行がバブルを抑止できるかは懐疑的である。その最大の
　　理由は，バブル発生のメカニズムが十分に解明されていないため，事前防止は
　　難しいという点にある。むしろバブルが崩壊したと判断したときに，積極的な
　　金融緩和を実施し不況が長期化するのを回避する。こうした事後的対応しかで
　　きないし，機動的にうまくコントロールできれば，バブル崩壊による深刻な長
　　期不況を乗り越えることはできると主張する。

8）　Reich（1999）は，1970年以降，アメリカが大きく変化したことを論じてい
　　る。また，Reich教授の授業を映画化した，inequality for allがある。

9）　日本の銀行のROEはバブル崩壊以降，2000年代前半までマイナスであった。

第10章

ドルの役割と国際金融

10.1 国際金融の基礎：ブレトンウッズ体制

アメリカの国際金融に占める位置づけを，確認することは重要である。アメリカは，世界の経済取引の中心であるドルを発行する国であり，国際金融の中心である。

ところで，「今はドル本位制度？」と尋ねたら，皆さんは何と答えるであろう。昔は金本位制度であったが，「今の国際金融は…」と，返答に窮する人もいるのではないか。

この質問，難問である。私は，この種の質問に，ドルをコアとする変動相場制度が取引の中心となっている制度などと，まわりくどく答えることにしている。しかし，自信はない。少なくとも，第二次世界大戦後は，多くの国がドルに自国通貨を固定して交換レートを定める，固定相場制度であった。しかも，この制度には二つの特徴がある。

その第一の特徴は，ドルに各国通貨は固定されていたことである（固定相場）。しかも，その固定したレートでドルを手にすることができるという点では，ドル本位制度と言える。その固定レートで，安全に貿易などの国際取引を行えたのである。

第二の特徴は，そのドルのみが金と両替することが認められていたことである。1ドル＝35オンスの金と両替されるよう定められていたの

である。その意味では，金本位制度である。つまり，戦後スタートした国際金融は，ドル・金本位制度という，普通にはイメージしにくい制度になっていたのである。この制度は，この時の国際会議の町の名前をとってブレトンウッズ体制と呼ばれ，1972年にニクソン大統領が，ドルと金との兌換停止を発表するまで続いた。

ところで，ドル・金本位制度というのは，非常にうまくできた制度であった。それを理解するには，金本位がなぜ崩壊してしまったのか理解する必要がある。金本位を維持する上で必要であった金そのものが，イギリスからアメリカに流出してしまったのである。しかも，本来の金本位制度では，流出した金はイギリスに戻すことが暗黙の了解であった。しかし，アメリカは蓄積された金を戻すことなく，国内にため込んでしまったのである。

戦後のドル・金本位制では，金がイギリスに戻ってこないことで終わってしまった金本位制度の欠点を，克服している。例えば，日本にドルで支払われたドル紙幣が滞留したとしよう。我々は，そのドルで日常の買い物をすることは不可能である。

したがって，このドルは結局，金融機関に集まり，ドルから自国通貨に両替される。さらに日本の金融機関は，日常業務でドルをそれほど必要とせず，集まったドル資金は中央銀行が円に両替する。あるいは，金融機関の中には，ニューヨークにある支店や海外の金融機関を使って，手持ちのドルを円に替える金融機関もあるだろう。ともかく，ドル紙幣は，その大半がアメリカに戻っていく。この復元力が強力であるがゆえに，ドル・金本位制度は持続した。そうなるように，相当注意深く設計された。これが，戦後の国際金融制度である。

1970年代に入って，ニクソンショックによりこの制度は終焉を迎えた。少なくとも，表面的には変動相場制度に移行し，ドルと他通貨との交換価値は市場が決めるようになったのである。しかし，ドルが結局アメリカに戻るという復元力を担保する制度であるという点では，戦後一

貫してドルをコアとする国際金融取引は続いている。専門的に言えば，ブレトンウッズ体制が続いている，あるいは，第二のブレトンウッズ体制として継続していると捉えることもできる。

10.2　トリフィンのジレンマ

　この基本理解の上で，トリフィンのジレンマという議論をしたい。Bordo and McCauley（2019）は，実は世界は安全資産への超過需要に直面しているとしている。その根本にある理由として，世界はトリフィン（Robert Triffin：1911-1993）が主張したトリフィンのジレンマに陥ったと言うのである。トリフィンが国際金融が直面したジレンマの一つとして主張したのは，国際通貨基軸国が陥る矛盾である。図10.1は，それを端的に示している。金本位を確立したイギリスでは，当時，中央銀行であるバンク・オブ・イングランド（The Bank of England）が自国に大量の金を準備として保有した。その保有する金を根拠として，ポンド通貨が世界の経済取引に利用された。専門的に言えば，当時の大英帝国，つまりイギリスが世界に対して流動性を供給していた，ということである。金本位というと，貿易取引で金が決済通貨として利用されていると思い

| 図10.1 | トリフィンのジレンマ（金本位制崩壊時のイギリスとブレトンウッズ崩壊時のアメリカ） |

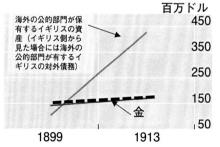
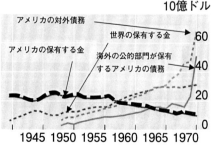

（出所）Bordo and McCauley（2019）

がちである。実際には，金を大量に保有する基軸国が，それを信用の裏
打ちとして，ポンド通貨の国際的流動性を安全に行うよう世界に促す制
度であった。逆に言えば，当時のイギリスは，世界から需要があれば，
ポンド通貨を世界に供給する役割を負っていたのである。

　問題はここにある。貿易通貨として利用が高まり，ポンド通貨という
流動性が提供されれば，バンク・オブ・イングランドは通貨量をコント
ロールできなくなってしまう。図10.1左図では，大英帝国の金保有量
が比較的ゆっくりとしか伸びていない一方で，ポンドの国際流動性が
10年程度の間に2倍以上に膨れ上がったことが確認される。イギリス
は，貨幣を含む決済性の高い金融資産を海外との貿易決済として提供し
た。これが，外国の公的部門が保有するイギリスの金融資産の増加（イ
ギリスから見れば海外での負債増）を招いたのである。やがて，当時のイギ
リスは流動性を機動的にコントロールする能力を低下させてしまったの
である。

　つまり，世界市場に基軸通貨としてのポンドが潤沢に提供され，国際
貿易を活発化する。それが，一方で，自国の流動性のコントロールを失
わせてしまう。このジレンマに当時のイギリスは陥っていたというの
が，トリフィンの主張である。

　この議論は，アメリカでも成立する。つまり，アメリカがドル・金本
位制を採用して以降，世界の経済取引の発展を背景としてドル通貨の流
動性は飛躍的に拡大した。19世紀末の大英帝国と同様に，アメリカは
自国の保有する金に裏打ちされたドル紙幣を世界に供給したのである。
このため，1970年代にはトリフィンが指摘したジレンマに陥り，通貨
量のコントロール力は低下した。この意味では，本来，ここで戦後の国
際通貨制度は終了するはずだった。

　ところで，実際にはドルは貿易決済通貨として今でも重要である。
1970年代〜1980年代にかけて，一時期，ドルの国際決済通貨としての
地位は低下するかに思われたが，まったく他通貨の追随を許さない存在

| 表 10.1 | 国際取引での各国通貨のシェア |

単位%	ドル	ユーロ	円	香港ドル	人民元	その他
1989 年	90	46	27	NA	NA	37
1995 年	83	62	24	1	0	30
2010 年	84.9	39.1	19	2.4	0.9	53.7
2019 年	88.3	32.3	16.8	12.8	6.8	43

NA はデータがない。
（出所）BIS（国際決済銀行：Bank for International Settlements）

である。

　表 10.1 は，BIS（国際決済銀行）が発表する国際取引における通貨別シェアである。2019 年のデータによると，ドルのシェアは 88.3％で他通貨を圧倒している。各通貨の取引の合計は 200％となるが，この意味が重要である。例えば，ドルを売って円を買いたい A 氏と日本円を売ってドルを買いたい B 氏がいるから取引が成立する。国際取引での通貨は，必ず，ドル ⇔ 円のように二つの通貨がペアとなる取引である。88.3％というのは，国際通貨取引で，ドルが一方にあり，他方は別の通貨という取引が 9 割近くであることを意味している。一方は，ユーロや円かもしれないが，ペアとなる相方の通貨の 9 割近くがドルであることを意味している。

　国際取引の 9 割が，ドルを絡めて行われている。逆に言えば，ドルが絡まない国際取引は 1 割程度に過ぎない。これは，国際経済を考える上で，承知しておくべき重要な事柄である。戦後一貫して，決済通貨としてのドルの優位性は揺るぎないのである。Pozsar（2011）は，ドルが新しい特徴を加えながら，国際通貨としての地位を維持していると言う。実は，世界は安全な資産が根本的に不足している。特に，資産価格の安定性が高いという意味で，安全であり，かつ，容易に換金ができる短期金融資産が不足している。

　最も安全な資産は，ドル通貨建てで，資産価値が最終的に国家によっ

て保障されている金融資産である。特に，アメリカ国債への需要は根強い。しかし，アメリカ政府は世界の経済規模に比較して非常に少ない額しかドルを世界に提供していない。金融資産を膨大な量で世界に供給しない理由は，アメリカがトリフィンのジレンマに陥ることを回避してのことである。

　1970 年代以降，中央銀行がドルを供給するだけでは不足気味のドル建ての安全資産を，民間金融機関が世界に提供している。ここに，証券化やシャドーバンクの果たす役割がある。前章で説明したように，シャドーバンクは伝統的銀行に類似した機能を持ち合わせている。ただし，金融取引で発生するリスクは，伝統的な銀行とは異なる形で吸収されている。つまり，金融市場がリスクを吸収している。リスクの分散化をすることで，リスクの顕在化を抑制することに，一応，成功したのである。

　伝統的銀行であれば，リスクの顕在化はそれを預金保険制度などの国家的制度で吸収してきた。その源泉が税金であるので，結局，税を使ってリスクを吸収したのである。ところが，現在，アメリカでもっぱら供給される，安全性の高いドル資金は違う。ウォール街で開発された市場メカニズムを通じて，リスクは吸収されるのである。

10.3　アメリカ国内経済との接合

10.3.1　アメリカ金融市場への急速な資金流入

　図 10.2 は，アメリカに集中する国際資本の推移を示している。アメリカへの国際資本の集中は少なくとも 1990 年代末ごろから本格化した。

　リーマンショックの前後に，流入のテンポは鈍り，流入残高は減少に転じた。しかし，ここ数年，再び国際資本はアメリカへの流入速度を速めている。その結果，残高ベースではリーマンショックの水準にまで達しており，アメリカの金融不安定性が高まっているとの危惧もある。

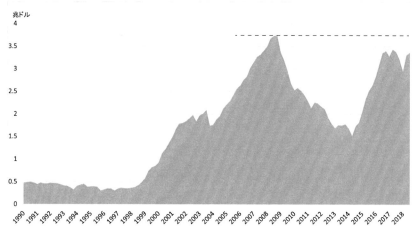

図10.2 アメリカへの国際資本の流入

海外部門による米国民間非金融部門資産（株式＋社債（資産担保証券含む）＋企業向けローン）－海外部門の
米国負債（株式＋債券＋ローン）＋ネット直接投資　（出所）米国 Flow of Funds

（出所）Flow of Funds

　まず，膨大な資金がアメリカに流入しているという点を，前述した国
内資金フローと関連させて考えてみよう。これまでの議論から，各国の
貿易黒字は，その相当額がアメリカに国際資本として還流する。この機
能が喪失すれば，おそらくドルは国際金融のキーカレンシーとして機能
できなくなる。

　貿易の視点で論じてきたように，アメリカ経済は経済のサービス化の
中で，無形資産の生産に比重を移してきた。現在，GAFA などの民間
企業は，いずれも無形資産の生産に特化することでアメリカ経済をけん
引している。また，製品の生産拠点は，海外企業に依存しているアップ
ルのような企業も続々と誕生している。製造業は海外での生産に大きく
依存しているのだ。こうした経済のソフト化・無形化が進む中で，アメ
リカ製造業の輸出は減退している。一方，有形の財をアメリカに輸出し
てきた，日本や中国を含むアジア諸国は，世界への膨大な資本輸出国で
もある。特に，2000 年以降，国際資本はアメリカへの一極集中を強め

ている。この点を，強調しておきたい。

　アメリカへの国際資本集中の理由は，ドル建て資産への投資選好が強いからである。世界を見渡した時，ドル通貨に代わる程の，安定性，市場流動性を持つ通貨は存在しない。それゆえに，アメリカに国際資本は集中してしまうのである。

　これにはアメリカの民間企業以上に，アメリカ政府の資金需要が旺盛であることが背景にある。地方政府を含む政府部門は，基本的に赤字であり，この資金ファイナンスは債券によって行われてきた。多種多様で安全な国債や地方債が存在し，世界の資金を吸収しているのである。世界の企業や富裕層は安全で換金性の高いドル建ての安全資産を欲し，アメリカの政府部門がそれに応えるかのように国債や地方債を提供している。このようにして，貿易取引で日本や中国などに流出したアメリカの資本は，再び自国に還流している。

10.3.2　国内経済部門間の資金過不足と国際資本

　表 10.2 は，第 6 章で触れた民間部門の貯蓄投資バランス（貯蓄－投資）と政府部門の財政収支バランス（税収－政府支出）が対外収支に等しくなるという関係を，大統領の在任期間に分けて計算してみたものである。ただし，各項目は，名目 GDP 比に占めるシェア（％）で示している。また，計算の性質上，誤差が発生していることに，注意する必要がある。民間部門の貯蓄投資バランスは，クリントン～ブッシュ（W）政権にかけて悪化するが，これは，この時期，アメリカ企業が高水準のIT 投資を続けた結果である。特に，クリントン政権下での投資は，名目レベルではあるが，年率平均で 10％近い水準を維持した。この時期を除くと，家計部門と企業による民間部門の貯蓄投資バランスは，十分に貯蓄超過である。

　一方，政府部門の財政収支は，一貫してマイナスであり，特に，オバマ政権下では GDP 比率で－8.3％に達した。政府部門の赤字がマイナ

表10.2 マクロベースで見たアメリカの資金過不足と国際資本の流入

(%)

年代	大統領	貯蓄マイナス投資	税収マイナス政府支出	経常収支	資本流入(-)	為替（ドル通貨高）	株価収益率	実質成長率	長期金利
1970(1969)-1977	ニクソン・フォード	5.1	-5.4	0.2	0.1	1.00	3.3	2.7	7.1
1977-1981	カーター	2.6	-4.1	-0.3	0.2	0.85	9.5	3.3	9.2
1981-1989	レーガン	3.3	-6.1	-1.9	-1.4	0.97	9.4	3.5	10.8
1989-1993	ブッシュH	3.6	-6.0	-1.0	-1.0	0.79	12.3	2.3	8.0
1993-2001	クリントン	0.6	-3.1	-2.1	-2.0	0.84	14.0	3.9	6.2
2001-2009	ブッシュW	0.4	-4.9	-4.8	-4.8	0.86	0.3	2.2	4.4
2009-2017	オバマ	6.3	-8.3	-2.5	-2.3	0.84	9.1	1.6	2.5
2017-	トランプ	3.8	-6.1	-2.3	-1.8	0.97	12.9	2.7	2.6

資本流入は，直接投資＋証券投資＋その他金融投資の合計とした。
グロス貯蓄−投資を民間部門，政府部門で計算。
長期金利は，満期10年の米国国債金利。
為替は実質実効レートを1973年を1として計算。数値が小さくなる程，ドルの減価。
（出所）U.S. BEA等のデータをもとに著者作成

スで，しかも改善する兆しが見えない中で，これを支えているのが海外からの資金流入である。

特に，海外からの資金流入が拡大したのは1990年以降，クリントン政権になってからである。仮に，海外からの資金流入がストップすれば，アメリカ経済は深刻な状況に追い込まれる。同時に，ドル価値が大きく下がり，やがて，世界経済は深刻な恐慌に陥るにちがいない。こういう危惧を，経済的にはドルのサステナビリティ（Sustainability）という。しかし，実際には，アメリカの財政収支が赤字基調を持続する中で，海外からの資金流入は，依然として，アメリカに流入してきている。

むしろ，クリントン政権以降，世界資本はドル回帰を強めており，結果として，ドルのレートは堅調に推移している。図表10.2の為替レートは，ドルの実質実効為替レートを1973年を1として計算したもので

ある。1より小さい程，ドル通貨の価値は減価するように示してある。この表をみると，1990年以降，国際資本はアメリカ市場への流入基調を強めているが，その分，実質実効為替レートもドル高に転じている（0.79→0.97）。

　さらに，国際資本の流入は，金融市場での外国人投資家のプレゼンスを高めており，クリントン政権当時にはアメリカの全債券の約35％が外国人保有となる程に拡大した。アメリカ政府は，財政収支悪化に応じて，国債発行残高を拡大させてきた。それにも関わらず，アメリカの資産市場は底堅く推移し，長期金利が低水準で安定化する状況が生み出されている。

　ところで，仮に，アメリカが国際資金を十分に吸収できなかったとすれば，何が起きたであろう。例えば，アメリカが財政赤字削減に固執し政府部門の赤字が抑制されていたとしたら，世界には何が起きたであろうか。

　おそらく，政府部門が吸収しきれなかった資金が，今度はアメリカから海外に流出する。この場合，ドルは減価することになる。アメリカの交易条件の悪化は，やがて貿易不均衡を是正するように作用する。これは，世界各国の輸出量を削減させることになるから，やがて世界経済全体を減速させたはずである。イメージしやすいように言えば，80年代のアメリカがそうであろう。世界は，アメリカの貿易赤字とドル安の中で，経済不況を経験した。それと同じような状況に陥る可能性があるのである。このように見ると，アメリカの財政赤字はアメリカ自身にとっても，そして世界経済にとっても，当面，必要である。

　最近のアメリカは，証券化やシャドーバンクという金融イノベーションによって，経済・金融の深化を遂げてきた。金融・経済の安定性の改善の理由の一つは，世界資本がアメリカの金融資産への投資意欲を維持している点にある。それに応えて，アメリカの金融機関が，市場メカニズムによってリスクの顕在化を抑制する方法を開発し，新しい金融商品

を積極的に提供してきた。実は，それでも，世界の安全資産需要には足りていない。例えば，発展著しいアジア諸国は，自国の金融市場の整備に努力している。しかし，アジアの金融市場はアメリカの金融市場に比肩してあまりに小規模であり，安定性や透明性に課題が残っている。経済発展によって資本蓄積の加速するエマージング諸国は，自国の資金をアメリカに還流せざるをえないのである。

　世界の安全資産への超過需要に，伝統的金融業ではないシャドーバンキングのような金融機関が台頭し，市場メカニズムを通じて比較的安全な資産を提供しようとしている。この流れも 2000 年以降，顕著に加速した。このスムーズな移行は，オフショアリング，イノベーション，移民，などによって発生する経済ショックをアメリカが柔軟に吸収できたからである。当然，これはオフショアリングの受け手としての中国の存在あってのことである。

10.4　世界的に急拡大し続けるシャドーバンク

　シャドーバンクは，現在，世界の金融市場に新たな流動性を提供している。この背景については，これまで解説してきた。つまり，アメリカ国債の絶対量が足りないのである。アメリカ政府は財政赤字の抑制を基本スタンスとしているため，政府の負債残高は，自国の GDP 程度の量に抑制されている。その分，世界の中で最も安全な資産であるアメリカ国債は，慢性的な超過需要に陥っている。アメリカの安全資産に対する世界の超過需要を補っているのが，シャドーバンクが提供する証券化という金融イノベーションを通じて生まれた，市場でリスクを吸収する新金融商品である。

　一体，これはどれ程のペースで拡大しているのか。2009 年に設立された金融安定理事会（FSB; Financial Stability Board）の年次報告書によれば，シャドーバンクが関わる金融取引は約 185 兆ドルである（2017 年）。

　つまり，全世界の金融資産の半分が伝統的金融機関である銀行業（ここでは預金受入れと貸出の二つの業務を行う金融機関を銀行業と考える）ではなく，シャドーバンクによって提供されていることになる。さらに，その伸び率は年率7％程度で急拡大し続けている。このペースが続けば，約10年でシャドーバンクの取扱い資産は現在の2倍に当たる400兆ドルに達すると予想される。シャドーバンクを通じた金融取引のシェアでは，アメリカが全体の29％，次に中国が16％，3位にはタックスヘイブンであるケイマン諸島があがっている。タックスヘイブンのケイマンやルクセンブルクの取引は，国を特定することは難しい。日本は6％に過ぎないのだが，ケイマン島やルクセンブルクの取引の相当量が日本の取引である可能性も排除できない。この内訳を見ると，中国および新興国の証券化金融資産の保有比率は総計20％になっている。これら諸国は，貿易黒字で発生するキャッシュを，自国内で運用するのではなく，シャドーバンクが創造する証券化された金融資産で保有している。

　これだけ新金融商品の形で市場が保証する安全な資産が供給されて

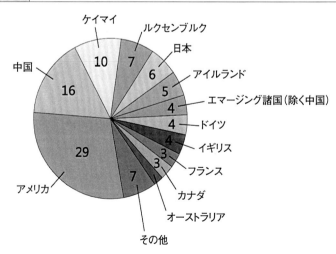

図10.3　非伝統的金融資産，185兆ドルの国別の保有内訳（％）2017年末

（出所）金融安定理事会 FSB　年次報告

も，まだ足りないのが現状である。そのことがビットコインやリブラなどの仮想通貨を導入する機運を高めている。これは，ブロックチェーンという新しい金融技法を使って，さらに安全な金融資産を世界に提供しようという試みとも解釈できる。

10.5　アメリカ経済が投げかける課題

　世界とアメリカとの国際金融取引をみると，この国のダイナミズムには改めて感心する。しかしながら，これは，アメリカが経済の壁に直面してしまった結果でもある。

　本書で繰り返し述べたように，アメリカは国内消費需要の緩やかだが確実な長期減衰傾向から抜け出せないでいる。地方を含む政府部門の経済的重要性が増しているのは，この衰退の流れを食い止められないからであって，積極財政，それによる世界で最も流動性の高いアメリカ国債の取引をコアに据えた金融業の発展などは，まったく皮肉な産物，でもある。

　なぜ，長期の衰退に歯止めがかからないのか。IT イノベーションによる企業経営の活性化，技術移民の大量受け入れ，グローバルな経済取引の拡大，アメリカはこの難問を克服するために，試行錯誤を繰り返している。それでも，民間需要の長期衰退が止まらないことへの不満，不安が，アメリカ・ファーストという強烈な自国最優先主義を掲げるトランプ大統領を生んだと言ってもよい。それでもなお，このアメリカの行動を世界は甘受してきた。その理由は，アメリカの経済取引が，やがて世界に spillover し，世界の発展を促してきたからである。グローバリゼーションは，その証しとも言える。この根本は揺らいでいるのであろうか。

　近代以降，欧米諸国は経済に発生する諸問題を，セーフティネットを注意深く構築することで乗り越えてきた。時に，それぞれの国の政治・

経済活動が利害対立を激化させ，戦争という犠牲を伴うこともあった。金融であれば，中央銀行の制度を確立し，危機が発生した際には税金を利用して，それに立ち向かう。経済に需要が不足すれば，政府が未来の税金を先取りして資金を調達し，公共投資を使って不足分を補う。こうしたセーフティネットが張り巡らされ，年率数％の成長を持続し，人々の安定した生活を実現してきた。それを実現するため，制度変更をスムーズに行う必要が生じ，優秀な人材集団である官僚制度（企業の場合は経営集団）を常備し，人材を育成するための専門教育機関である大学を充実させた。

　実は，このようなセーフティネットは別のやり方でも維持できるはずである。例えば，成長を止め，安定を優先させる。これでも安定した社会は構築できる。むしろ，ここ100年ぐらいの高成長は人類史の中で，極めて異常である。江戸時代，日本は300年という時間をかけて，制度が一巡するような，緩やかな成長を目指した。そのために身分を固定し，成長を否定した。長い間，成長≠安定であった。

　成長によって，安定を維持する。これを可能にしたのは貿易と金融である。しかも，成長を持続するための経済制度は，周期的に機敏に微調整することが求められる。20世紀に入って，アメリカは，こうした流れをけん引し，洗練された民主的政治システムがこれを支えてきたのである。

　が，アメリカの金融・経済発展の詳細を検討してみると，我々は愕然としないではいられない。

　アメリカに起源のある経済のサービス化の中で生まれた証券化やAIといい，我々には知覚しにくい，実態の理解が容易ではないものばかりである。その可能性を信じ，アメリカが実現してきた経済の仕組みを共有することで，世界は成長と安定を維持し続けることができるのか。これこそ，アメリカに関心を持つ皆さんに，掘り起こされるのを待って潜んでいる課題のように思う。

第 *11* 章

新型コロナとアメリカ経済

11.1　長期的影響

　新型コロナウイルス禍（COVID-19（コービッド　ナインティーン），通称，新型コロナウイルス，以下は新型コロナと呼ぶ）が発生し，アメリカでは5万人弱の感染死が発生した（2020年4月下旬現在）。この章では，新型コロナによるパンデミック（感染爆発）とアメリカ経済とを関連させて論じてみたい。特に，アメリカが新型コロナへの対策として難しい政策判断を迫られたプロセスを，最新の研究成果を紹介するかたちで説明したい。

　パンデミックが長期の経済に，どのように影響したのか。Oscar Jorda et al.（2020）は，超長期データを使って検討している。世界史上，記録に残るだけで15のパンデミックが発生したことが確認される。表11.1に示したように，最も深刻なパンデミックは14世紀の黒死病（Black Death）で，ヨーロッパの人口の80％近くが失われた。当時の統計が，どれ程正確かは疑問だが，人類史上，最大級の伝染病による経済的ショックが発生したことは間違いない。

　この黒死病は，その後の世界に与えた影響も，大きかった。例えば，グレゴリー・クラーク（2009）は，黒死病が西欧の東洋に対する科学技術の優位性をもたらす契機になったとしている。大量死の後，生き残っ

表11.1 パンデミックと犠牲者数

	発生時	収束時	死者数	世界人口比率
Black Death	1347年	1352	7,500万人	83%
スペイン風邪	1918	1920	1億人	6%
香港風邪	1968	1969	100万人	0.029%
HINI	2009	2009	20万人	0.003%
新型コロナウイルス	2019	―	6,800万人(?)－100万人	1%-0.01%
第一次世界大戦	1914	1918	3,700万人	2%
第二次世界大戦	1939	1943	8,500万人	3%

Black Death（黒死病）は，当時のヨーロッパの推計総人口をもとに計算。
（出所）Alfani and Murphy（2017）をもとに著者作成

た人々には遺産による富と時間が与えられた。やがて，遺産を手にする人の中には，労働からの解放により，知に対する欲求を刺激される者もいた。欧州には知識階層が生まれはじめ，大学の前身のような組織が生まれ，医学を含む科学技術の発展の起点になったとしている[1]。こうした議論が正しいのか，検証するのは本章の目的ではない。ただ，今回の新型コロナ感染に対して，世界の識者が，一様に政治・経済システムのパラダイムシフトを危惧している。彼らは，パンデミックに刻まれた人類の体験を強く意識しているのだろう。

　20世紀以降，第一次世界大戦末期に発生したスペイン風邪が深刻で，犠牲者は1億人，世界人口の6％に達した[2]。これに比較して，今回の新型コロナは，犠牲者は最大数千万人～数百万人程度の間にあると推計されている。被害の全貌を正確にする上で必要な感染者数や死者などの実態が大雑把にしかわからないのが，パンデミックの特徴の一つである。

　ただし，種々の情報を総合すると，今回の新型コロナが最悪の犠牲者を出したとしても，その深刻度はスペイン風邪ほどではない。しかし，感染死の大きさ＝経済へのマイナス効果，ではない。経済活動が長期に停止すれば，感染死は過去ほどではないにしても，経済の悪化は深刻な

ものとなる。

Jorda et al.（2020）の超長期データ分析をもとに，マクロ経済への長期の影響を考えてみる。彼らは，14世紀以降の実質金利，実質賃金のデータベースを使って，過去のパンデミックが，どのように影響したかを分析している。結論を要約すると，以下の3点になる。

(1) 人口の大幅な減少により人的資本が稀少となり，実質賃金（＝人的資本の価格）が上昇する。一方，物的資本は，人的資本に比較して稀少性が薄れる。物的資本の価格である実質金利は，低下する。

(2) パンデミックによる経済への影響は，数十年間，残存する。

(3) 戦争の経済への影響と，パンデミックの経済的影響とでは異なる。特に，戦争は生産設備などの物的資本を棄損させるので，実質金利を上昇させる。

パンデミックによって，労働者に大量の犠牲が発生すれば，人的資本の急減少というショックが経済に発生する。そのため，人的資本の稀少性が高まり，実質賃金は上昇することになる。人的資本の追加的補強には，人が教育等を通じて，精神的・肉体的に成長するのを待つ必要がある（図11.1にあるように論文では20年と推計）。この間，人的資本不足が続くので，賃金が上昇するのである。

一方，生産設備等の物的資本は，新型コロナによって棄損することはない。したがって，人的資本に比較して，稀少性が低下する。そのため，物的資本の価格である実質金利は低下する。

戦争では，逆のことが起きる。戦争による生産設備の破壊は深刻であり，物的資本は大きく損傷する。そのため，物的資本は稀少となる。しかし，戦争が終結すれば，兵は帰還，再建は直ちに始まるので，パンデミックのような，長期にわたる継続的な経済ショックとはならない。戦争のマイナスの経済効果は，山谷は大きいのだが，戦争が終われば直ちに再建が開始され，案外早期に収まってしまう。

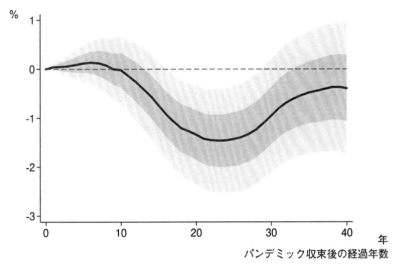

図11.1 パンデミック終了後の実質金利への影響

（出所）Oscar Jorda et al.（2020）

　この論文の長期インパクトの推計には，過去数百年のデータが利用されている。ところで，論文の主張の一つである，影響の長期化について，私は懐疑的である。過去と同じように，パンデミックが経済に，長期間，影響するとは思えない。

　例えば，パンデミックが発生し，実質賃金が長期間上昇し続けたとしよう。アメリカ企業は収益の回復を意図し，早速，人⇒AIへのシフトを加速させるのではないだろうか。企業のAI依存が急速に高まることで，賃金の上昇は抑制されるはずである。

11.2　新型コロナのアメリカでの発生状況

11.2.1　ニューヨークのパンデミック発生

　新型コロナは，アメリカ経済にどのような影響を与えるのか。それを考える上で，最初に示すのは，新型コロナのニューヨーク市の感染実態

222

表11.2 ニューヨーク市の地区ごとの感染者数と環境

	感染者数／ 10万人	検査件数	人口密度 （人／square）	貧困度	移民%	白人 (%)
The Bronx	1,835	27,014	32,903.6	27.3	35.4	9.1
Brooklyn	1,197	32,499	35,369.1	18.9	36.5	36.4
Manhattan	845	15,952	69,469.5	15.6	29	47
Queens	1,494	37,447	20,559.6	11.6	47.3	25
Staten Island	1,830	9,166	803.03	11.7	23	60.3
Citywide		122,148	27,012.5	18.9	37	32.1

（出所）US CENSUS および Borjas（2020）より著者作成

だ。全米で最大の犠牲者を出したニューヨーク市では，約1万人の死者を引き起こすパンデミックが発生した。

　ニューヨーク市のパンデミックの原因には，都市特有の密なネットワーク，貧困，あるいは特定人種の生活習慣が，指摘される。とりわけ，最貧層や不法移民は感染検査が無料であっても，積極的に検査を受けようとはしない，とされている。ウイルス検査が無料でも，その他の検査が有料なため，医療保険が充実していないアメリカでは，高額の医療費を請求されるからだ。このため，貧困層は感染しても軽症段階では医療機関を受診しない，というのが実態である。公表数字では表れない，貧困とウイルス感染の関係があることは否定できない。

　そのような統計上の限界があることに，我々は注意が必要である。それでもなお，ニューヨークという世界で最も多様化した都市で発生した新型コロナによるパンデミックから議論を始めた方が，アメリカの直面した厳しい状況を理解しやすいであろう。

　まず，ニューヨーク市の公表する新型コロナの地域別感染者数を見ると，性別，貧困度による感染差は，はっきりとは確認されない。確かに，貧困度が最も高く，移民の多いブロンクス地域は，10万人当たりの感染者数は1,835人と多い。しかし，白人居住者の多いStaten

Island（リッチモンド）地域でも，感染者が多発している。ニューヨークのパンデミックは，人種や貧困を問わず，深刻化したことがわかる。

さらに，Borjas（2020）の推計では，家族感染や高齢者の感染が深刻であることが確認される。表11.3を見ると，統計的に有意な感染要因は，性別，年齢，家族構成である（係数の下段はt値。＊＊＊が付いている変数は1％水準で有意）。家族構成数が多い程，感染率が高いのは，家族感染が深刻であったことが読みとれる。また，年齢や性別による感染リスクの違いは認められる。

ニューヨーク市では，家族感染がパンデミックを拡大させた最大の要因である。

表11.3 ニューヨーク市の検査数・感染者とその要因

	検査数	感染者数	
所得（対数中間値）	0.182	0.107	
	2.76	1.39	
家族数	0.284	0.464	***
	5.16	7.25	
男性	0.038	0.043	***
	3.80	3.58	
60歳以上	0.029	0.031	***
	5.80	5.17	
黒人	0.002	0.004	
	2.00	2.00	
ヒスパニック	0.002	0.003	
	1.00	1.5	
アジア	-0.008	-0.009	***
	-2.67	-3.00	
移民	-0.003	0	
	-1.5	0	

係数の下の数値はt値

（出所）Borjas（2020）

　ただし，アジア人の検査比率の係数がマイナスなのが気になる。これ
は，アジア系の人々が検査を回避する傾向にあったこと，さらに，検査
の受診は自分が新型コロナに未感染であることを証明するためであった
からかもしれない。新型コロナ騒ぎの中で，アジア系の住人は差別にさ
らされていると聞くが，何かを感じ検査回避という特異な行動をとった
とも考えられる。ただし，人種による感染格差は，さほど深刻ではな
い。

　ニューヨークのパンデミックが，人種による格差，貧困を背景とする
特定集団に限定して発生する段階を超え，市内全域の住民に感染拡大し
た，と捉えるのが妥当に思える。

　しかしながら，アメリカ全体では，特定集団への感染率が高い，とい
う特徴が観測される。具体的には，支持政党による感染率格差が観察さ
れた。

11.2.2 政府の対応と国民の不安

　緊迫した状況にあって，アメリカ国民の不安は高まっている。経済不
安定性指数というインデックスを見ると，不安定化は急速に高まってい
て，911テロ（2000年）やリーマンショック（2008年）の水準を超えてい
る。さらに我々が不安に駆られるのは，この混乱がどの程度続くのか，
先の見通しがたたないことにある。

　その上，金融ショックと感染症ショックとで性質は異なるために，
リーマンショックを参考にして見当をつけるのも不自然である。ちなみ
に，リーマンショックは，予想よりも長く影響した。短く見ても，収束
までは3年〜4年の時を要したと考えられる。

　アメリカ企業や政府は，どのように対応しようとしているのか。

　まず，政府は積極的に，都市封鎖などで経営が厳しくなる企業の支援
に乗り出した。特に，トランプ大統領は中小企業への救済に乗り出し，
2兆ドル規模（GDPの10%規模）の対策を発表した。対象となる企業は従

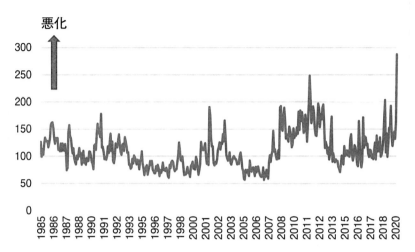

図 11.2　アメリカ経済の不安定化

（出所）Economic Policy Uncertainty Index（www.policyuncertainty.com.）

業員 500 名以下の企業で，全米企業の 15％にあたる。2020 年 3 月に成立したコロナウイルス支援・救済・経済保障法（CARES 法）で，その中に，PPP（Paycheck Production Program）と呼ばれる従業員 500 人以下の中小零細企業への救済策，4.6 百万ドルが組み込まれている。PPP では，2 月〜6 月まで，従業員の給料を含む，家賃などの支払いに充てるローンについて 100％の政府補償が付けられた。特に，評価されたのは，アメリカで普及する個人ネットビジネスを担う個人事業主の救済を含んでいることである[3]。しかも，申請企業へのローンは，仮想通貨を用いて行えるようにしたのだ。

　従来，仮想通貨の導入にアメリカ政府・中央銀行は慎重であった。本書 10 章で述べたが，安全資産への世界需要は極めて高く，これがドル通貨への資本回帰を促している。特に，中国を含むアジア資本は，安全な短期性資産への選好を強めており，自国金融市場が未発達なこともあって，ドル資産への需要は潜在的に根強い。そのため，安全な短期性

資産の代替として，仮想通貨への期待が高まっていたのである。

　従来，アメリカ政府や金融界は，この金融の新しい動きを，頑なに拒絶してきた。今回，新型コロナの感染の中で，アメリカ政府は，スクエアやペイパルなどの仮想通貨業者の銀行設立を認めたのである。これにより，アメリカの金融発展は，まったく新しいステージに入ったと考えられる。

　ところで，Bartick et al.（2020）は，PPP の利用予定企業に緊急アンケート調査を実施した。適応対象となる地域，および業種には，特徴がある。この PPP を希望する企業は，カリフォルニア，ニューヨーク，フロリダ，テキサスに所在する企業が上位を占める。また，申請企業のうち，芸術・娯楽，健康関連，レストラン・飲食，旅行・宿泊が 5 割を超える割合で営業停止に追い込まれている。中小企業経営者は，営業停止期間を，11 週程度と予想し，その間の雇用はパンデミック前の 4 割にまで減らすと答えている。この 11 週という予想が，次節で論じる Eichenbaum et al.（2020）の推計を踏まえれば，超楽観すぎる。

　ところで，政府の経済支援の積極姿勢が前向きに解釈されたのであろうか。パンデミックへの収束には，楽観的な見通しが広まっている。もう少し正確に言うと，都市部に多い民主党支持層は，コロナウイルスへの警戒感が強い一方，地方に多い共和党支持層は相対的に楽観的なのである。

　図 11.3 は，新型コロナへの警戒感を，民主，共和の支持者別で示している。民主党支持層のウイルス感染への警戒心が強いことが確認される。しかしながら，図 11.4 に示したように，実際に感染した人（実線）や感染死（点線）では，警戒心の強いはずの民主党支持層の感染が共和党支持層をはるかに上回っている。

　この理由については，民主党支持層が都市部に住み，社会的ディスタンスを保ちにくい生活環境にあるのに対して，共和党支持層が地方に住むからではないかと，されている。トランプ支持と社会的ディスタンス

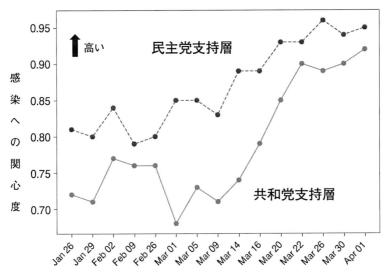

図11.3 感染への警戒心の割合（全体を1として計算）

（出所）Allcot et al.（2020）

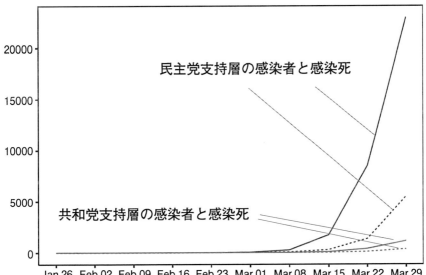

図11.4 ウイルス感染者数（実線）と感染死者数（点線）（人）

（出所）Allcotet al.（2020）

との関係について，Baker et al.（2020）は明らかに関連性があるとしている。彼らは，個人のカード決済データを用いて，2020年3月以降の住人の消費行動を分析している。その結果，今回の新型コロナへの感染者は，民主党支持層で比較的豊かな生活を営む都市居住者に多いと推計している。

11.2.3　難しい政策決定に直面したアメリカ

　アメリカは，新型コロナへの対応で分断化現象に陥ったことで，そのため政策は混乱しているような印象がある。ウイルス感染は，経済学的に言うと，外部効果である。市場取引に直接参加しない感染者によって，経済取引が停滞や停止を余儀なくされる。この場合，外部効果によって発生する市場の失敗は，零細な事業者など弱者で特に深刻化する。市場の失敗に対しては，国家が介入し，零細業者を救済すべきなのである。

　一方で，経済活動の維持を重視し，人々の往来と消費活動の再開を容認すれば，感染の拡大は回避できない。感染による犠牲者も，深刻化することであろう。経済か健康かが，トレードオフの関係になっている。この関係が表面化したのが，アメリカの政党別支持者による感染の違いである。感染が深刻な都市部地域では，感染拡大を防ぐ厳格な経済取引の制限を求める声が強い一方で，感染が深刻でない地域では，経済活動の早期再開の期待が日増しに強くなっている。このどちらの主張も，正当なのである。

　では，どこに基準を置き判断すべきなのか。Eichenbaum et al.（2020）は，数値シミュレーションを使って，経済を重視すべきか，それとも国民の生命を維持するべきか，を計算している。ここでは，モデル分析の結果のみを示すとしよう。

　図11.5は，政策効果を，感染度，死亡率，消費水準，ソーシャルディスタンス政策の度合い，で示している。また，パネルAとパネル

| 図11.5 | 12週で都市封鎖などの規制緩和（パネルA）と44週で規制緩和（パネルB） |

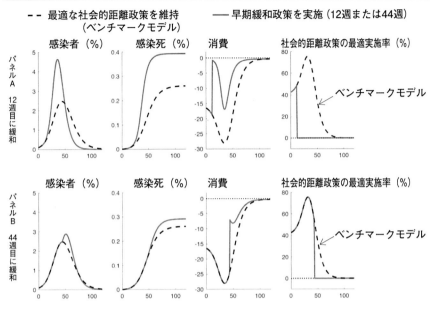

- - - 最適な社会的距離政策を維持
　　（ベンチマークモデル）
—— 早期緩和政策を実施（12週または44週）

（出所）Eichenbaum et al.（2020）

Bの二つの政策に分けて分析しているのが特徴である。

　ここでの議論では，ワクチン開発についての前提がある。ワクチン
が，1年以内の短期に開発されるか否かで，政策対応は大きく変わって
くるためだ。まず，パネルA，パネルBのどちらも，ワクチン開発が
遅れてしまい，感染を食い止めることができないことを前提にしてい
る。

　政府が外出禁止などの封じ込め政策を3か月程度（12週目）で早期緩
和するパネルAの政策オプションである。もう一つは，パネルAより
厳しいが，10か月目（44週目）で長期の封じ込め政策を早期解除するパ
ネルBのオプションである。いずれも，1年間の外出制限などを設定す
るベンチマークモデル（感染ピークは第50週目に来ると試算したダッシュライ
ンで示されている）と比較している[4]。ベンチマークモデルは，早期のワ
クチン開発に失敗し，かつ，1年の都市封鎖によって経済的損失も深刻

な，最悪の政策と理解して頂いてよい。

　感染者数や感染指数は，12週の規制を解除ないし緩和したパネルA
の政策で最大となる。死者数は44週まで外出禁止を続けた場合の1.3
倍程度（= 0.4/0.3）になっている（感染死の差は少なくとも数万人規模）。た
だし，消費活動を見ると，短期で緩和した場合，一旦，消費活動は元の
水準程度に回復する。しかし，再び感染者が大量発生することで消費活
動は再低迷してしまう。それでも，ベンチマークモデルに比較すれば，
消費の回復は大きい。特に，10か月近い厳しい外出規制の継続は，消
費水準をピーク時に30％近く減退させるのに対して，約半分程度に留
めることができる。したがって，人命最優先であるという前提を置いた
としても，経済と感染阻止のどちらを優先するのか，アメリカ政府の判
断は容易ではない。

　もし仮に，政府がパネルBにある10か月目で規制を緩和した場合，
感染前の水準から30％も消費が減退することになる。そうなれば，
1929年に発生した世界恐慌時の個人消費の最大減少幅（△20％）を上回
る，個人消費の落ち込みとなるはずだ[5]。このような大幅な消費の減退
は，ここ百年の間で初めてのことであり，その後の展開は予測不可能で
ある。それゆえ，セカンドベストな政策として，経済秩序の維持を優先
し，感染阻止の早期緩和に踏み切る選択は有効となる。あとは，集団抗
体の形成に任せるという政策は，否定できない。

　ただし，ワクチンが1年以内に実用化される可能性が高い場合には対
応が違ってくる。感染のピークは新型コロナウイルス発症から1年後と
考えられる。ウイルスワクチンが1年以内に接種可能になるとしよう。
このケースでは，1年後のワクチン利用な期日まで，感染を厳格に封じ
込める政策が最優先となる。都市封鎖による経済不況も，たかだか1年
の限定付きであり，人的損失も最低限に抑制されたことで，個人消費も
短期に回復し，経済も従来の軌道に短期に回復すると考えられる。

　我々が記憶にとどめるべきは，パンデミックの初期段階で，高度な意

思決定機能を持つ近代国家アメリカが，矛盾する二つの選択肢に直面したことである。これに対して，アメリカ政府はどのように対応したのか。本書を読む皆さんが，それぞれ確認して欲しい。この難局での政策発動に対する，アメリカ国民による評価は，2020年の大統領選挙の最大の焦点になり，審判されているはずだ。

11.3　新型コロナ後のアメリカ経済

　今回の新型コロナによるパンデミック後，アメリカ経済にはどのような変化が起きるのか。例えば，アメリカ企業のオフショア化，国際的な資金循環などへの影響について，考えてみた。

(1)　アメリカ企業がオフショア化を見直し，自国に回帰する可能性

　収束後，アメリカ企業が製造工程を見直し，アメリカ本国に回帰することなど，ありえない。それ程，アメリカのオフショア化は進んでいる。

　ただ，オフショアの相手である中国製造業は，相当の対応を迫られるはずである。中米間の政府間の対立は，ますます深刻化する傾向にあり，中国企業は自社の生き残りをかけ，国際化を進めざるをえないであろう。その際，国際化する中国企業は，経営のアカウンタビリティを高めることが求められるはずである。さらに，中国企業は，決済通貨であるドル資産を一定以上保有する傾向にあり，今後一層，ドルポジションを高めるものと思われる。

　中国政府は，元通貨の国際化を推進しようとしているが，十分には成果があがっていない。国際決済銀行（BIS）の統計でも，世界の輸出量1位（アメリカが1位の年もある）の貿易大国でありながら，中国元は国際決済通貨として6%程度しか使われていない（世界全体の決済通貨量を200%として計算）。

　実は，これは香港オフショア市場が，有効に機能していたためでもある。

　近年，アジア企業のドル資金調達は香港オフショアとシンガポールオフショアの Two Way で行われてきた。特に香港オフショアは，香港ドルがアメリカドルに完全リンクしているため，中国企業の重要なドル資金調達の場である。元の国際化は，緊急の要件ではなかったのだ。仮に，香港の混乱で香港オフショアが機能不全に陥れば，一気にアジア金融市場は混乱することになろう。

(2) 移民の受け入れ拒否など，グローバル化を本格的に見直すのか

　グローバル化は，アメリカ経済のサービス化と，無形の財の貿易取引を拡大させた。その裏では，アメリカは技術革新の担い手としての知的労働移民を大胆に受け入れ，IT を中心としたイノベーションという方向性を明確にしてきた。

　ところが，2000 年以降，すでにアメリカは移民の受け入れを制約する方向に転じている。さらに，この流れを強め，アメリカ人の雇用確保を優先し，グローバル化そのものを否定するようなことになるのか。

　結論から先に言うと，グローバル化がさらに高度化し，違う次元のグローバル化が到来すると理解した方がよい。つまり，グローバル化は止まらない。

　アメリカは，すでに，雇用形態が変質し，固定したオフィスで一つの会社で働くという従来型雇用ではなくなりつつある。特に，知的技能を必要とする IT 分野で，技術者が複数企業とエージェント契約を結び，柔軟に技能を提供するようになっている。今回の新型コロナによる経済封鎖によって，雇用者・被雇用者の双方が，固定した雇用を唯一維持することのリスクを改めて自覚したはずだ。雇用形態の多様化が，加速することだろう。もはや，知的技術者はアメリカに居住する必要性はない。世界中どこからでも，その技能をアメリカ企業に提供できるから

だ。

　さらに，大学教育でも，ディスタンス教育のノウハウが蓄積されている。第8章でアメリカの教育について触れたが，アメリカの専門家の間では，ディスタンス教育が次の教育改革の鍵となる，との認識がある。海外に居住しながらアメリカ企業で働くだけのビジネススキルを得る教育環境は，整備されつつある。移民の制限≠海外からの移民労働の減少，ではない。

　AI による人から機械への代替が加速する中で，新次元のグローバル化に深化すると考えた方がよい。新段階のグローバル化は，物理的な人の移動を超えて，バーチャルで精神的な空間の共有というような性格を帯びていくように思われる。

(3) 財政赤字拡大により，経済の行き過ぎたリバウンドや超インフレが発生しないか

　2兆ドルを超える財政出動によって，パンデミック後，超インフレが発生するのではないかと思われるかもしれない。例えば，戦争による国債発行は，その後，激しいハイパーインフレを引き起こしてきた。今回，そのようなインフレの急上昇は発生しないであろう。パンデミックは資本設備が破壊されたわけではなく，資本財への世界的な超過需要が発生するわけではないからである。

　PPP などアメリカ政府は積極的に，中小企業を支援している。これは正しい政策である。中小企業経営者が負債超過に陥れば，その後，パンデミックが解消した後も，負債の支払いに追われ，企業投資の再開，再雇用のタイミングが遅れることも懸念される。本書の6章では，リーマンショックからの回復過程で，アメリカの家計部門で何が起きたのかを説明した。サブプライムローンは低所得層に深刻に影響したが，所得中上位層は資産・負債の見直しに比較的柔軟に対応することで，早い段階で金融ショックを吸収することができた，と説明した。

今回のパンデミックも同様で，中小企業経営者やその従業員への影響を最小に食い止め，早期にパンデミックによる経済ショックを吸収する必要がある。そのためにも，実施したPPPの実効性が，回復力の大きさを決める重要なカギとなる。

(4) 仮想通貨銀行の設立により，金融取引はまったく新次元のステージに入ったのか

仮想通貨取扱い業者の銀行設立が，認可された。仮想通貨をもとに，企業向け貸出が行われる。これは，新しい形態の「銀行」のはじまりである。

企業は日常業務の決済性を維持するため，一定額の仮想通貨による預金も開始することになるであろう。その場合，預金と貸出を同時に行う「銀行」が成立したことになる。しかも，この仮想通貨発行銀行は100％政府保証付きで，貸出を行う。つまり，絶対安全な資産として，仮想通貨が供給されることを意味する。

パンデミック後，当面，通貨当局や国際決済銀行（BIS）と仮想通貨銀行との激しい折衝が予想される。しかし，結局，仮想通貨発行銀行は，ブロックチェーンを使った通貨発行技術により新金融商品を次々に販売することになるだろう。短期性の安全資産への世界需要は，極めて大きい。そのため，イノベーション力による金融機関の経営格差拡大と淘汰が進み，世界に多数ある国際金融センターの一極化が進むものと思われる。

本書では，シャドーバンクについて，伝統的「銀行業」との違いを説明した。興味深いのは，シャドーバンクと仮想通貨銀行との関係である。この二つが有機的に結びつくことで，国際資金の流れがどのように変更されるのだろう。

【注】

1) グレゴリー・クラークの内容を，簡単に紹介する。中国やアジア諸国は，人糞すら肥料化しうる農業技術を有していたことから，比較的，公衆衛生面で優れていた。ウイルスの拡散を防ぐ上で，糞尿の肥料化という技術は画期的であったのである。このため，黒死病のような大量死が回避された反面，人口の自然増による食料難という飢餓の問題に常に直面することになった。これに対するアジア諸国の工夫は，固定的な身分制の導入，実質的な産児制限である。

　　例えば，日本の支配階層である武士階級は，長子の世襲制を頑なに維持することで，武士階級を一定数に維持した。武士階級では，一家に長男さえいれば良かったのである。また，徳川幕府は身分固定制と並行して，森林の伐採，街道整備などを厳格管理し，開発による経済成長を認めなかった。この結果，欧米と日本を含むアジア諸国の科学技術の発展には，大きな差が生じたとしている。

2) 一般に，感染者の正確な数値確定は難しいようである。例えば，スペイン風邪の死者は，1,000万人〜1億人の間である。うち，アメリカで感染が確認された死者は50万人，日本は40万人であったと，伝えられている。

3) PPPの実施段階で，当初の予定を大幅に超える請求で，支出超過となり，追加予算が決定された。初期の段階では，支払いを巡る遅延などが課題になった。

4) ベンチマークモデルでは，全人口の6割が感染することで集団抗体（もはや感染が広まらない状態）を得られるとしている。これまでの経験から，集団抗体形成までの期間は2年程度であり，その間，アメリカの全人口3億人の6割，つまり1億8千万人が感染する。これで，自然収束するのだが，感染のピークは2年のうちの1年後であるとしている。

　　Eichenbaumモデルは，集団抗体形成までの必要期間2年間の半分＝1年目に感染のピークが来ると仮定している。モデルは，感染率などを専門家が利用する基礎数値をもとにしている。

　　ウイルスワクチンが2年以内に完成せず，感染致死率を5％とすれば，最終的に9,000万人（=1億8千×0.05）の死者が発生する計算になる。しかし，この推計値が，実際の感染死数と大きく乖離しすぎている印象がある。

5) この説明は正確ではない。消費の数値計算では，定常状態（steady state）から計算した消費がどの程度離れているか乖離率で示されている。仮に，新型コロナが発生している状態を定常状態であると考え，そこから，何％乖離したかを計算している。さらに，世界恐慌の特徴は，個人消費の大きな減少が，1929年〜1932年にかけて4年程度の長期にわたって継続したことである。新型コロナによる消費の減退は，単年度で30％減でも，ワクチンの普及で，1年半程度で通常の経済活動に復すると予想される。それなら，経済に与える深刻度は世界恐慌ほどではない。

　　これに対し，Uhligシカゴ大学教授はEichenbaumモデルを基本としながら，パンデミックが経済に与える影響は予想外に小さいという結果を導いている。

この Uhlig の推計は楽観過ぎると，自身でも認めている。楽観論になる理由は，パンデミックによって生産部門間，消費者間の代替が活発化する点にある。労働者の間では，部門間の代替が頻繁に発生する。例えば，多数の感染者が発生した部門の生産活動が一時的に低下しても，他部門からの労働シフトが顕著に発生するとしている。

　また，消費活動についても，感染者の消費活動は停滞してしまうが，非感染者はむしろ消費活動を活発化するという。このため，パンデミックのマイナスの経済インパクトは吸収されるとしている。

参考文献

Alfani, Guido, and Tommy E. Murphy (2017) "Plague and Lethal Epidemics in the Pre-Industrial World," *The Journal of Economic History*, 77(1): 314-343.

Autor, David H, Gordon H Hanson, Daron Acemoglu, Arnaud Costinot, Dave Donaldson, Robert Lawrence, Isaac Mbiti, Robert Staiger, John Van Reenen, Jonathan Vogel, and Su Wang (2013) "The China Syndrome: Local Labor Market Effects Of Import Competition In The United States," *Am. Econ. Rev.*, Vol. 103, No. 6, pp. 2121-2168.

Baker, Scott R., R. A. Farrokhnia, Steffen Meyer, Michaela Pagel, and Constantine Yannelis (2020) "How Does Household Spending Respond to an Epidemic? Consumption During the 2020 COVID-19 Pandemic," NBER Working Papers 26949, National Bureau of Economic Research, Inc.

Bartik, Alexander W., Marianne Bertrand, Zoë B. Cullen, Edward L. Glaeser, Michael Luca, and Christopher T. Stanton (2020) "How Are Small Businesses Adjusting to COVID-19? Early Evidence from a Survey," NBER Working Papers 26989, National Bureau of Economic Research, Inc.

Bayoumi, Tamim, David Coe, and Elhanan Helpman (1999) "R & D spillovers and global growth", *Journal of International Economics*, 第47巻, 第2号, 399-428頁.

Bernanke, Ben (2005) "The global saving glut and the U.S. current account deficit," Speech 77, Board of Gover-nors of the Federal Reserve System (U.S.).

Bordo, Michael D. and Robert N. McCauley (2019) "Triffin: Dilemma or Myth?" *IMF Economic Review*, Vol. 67, No. 4, pp. 824-851.

Borjas, George J. (2020) "Demographic Determinants of Testing Incidence and COVID-19 Infections in New York City Neighborhoods," NBER Working Papers 26952, National Bureau of Economic Research, Inc.

Borjas, George J and Richard B Freeman (2019) "NBER Working Paper Series From Immigrants To Robots: the Changing Locus of Substitutes for Workers."

Brynjolfsson, Erik and Andrew McAfee (2011) *Race Against the Machine: How the Digital Revolution Is Accelerating Innovation, Driving Productivity, and Irreversibly Transforming Employment and the Economy*, Lexington, MA: Digital Frontier Press.

（村井章子訳，『機械との競争』，日経 BP 社，2013 年）．

—— (2014) *The Second Machine Age: Work, Progress, and Prosperity in a Time of Brilliant Technologies*, New York, NY:W W Norton & Co Inc, （村井章子訳，『ザ・セカンド・マシン・エイジ』，日経 BP 社，2015 年）．

Cardarelli, Roberto and Lusine Lusinyan (2015) "U.S. Total Factor Productivity Slowdown; Evidence from the U.S. States," IMF Working Papers 15/116, International Monetary Fund.

Costinot, Arnaud, Dave Donaldson, and Ivana Komunjer (2012) "What goods do countries trade? A quantitative exploration of Ricardo's ideas," *Rev. Econ. Stud.*, Vol. 79, No. 2, pp. 581–608.

Council of Economic Advisers (2018) "Economic Report of the President."

Deming, David (2015) "The Growing Importance of Social Skills in the Labor Market," NBER Working Papers 21473, National Bureau of Economic Research, Inc.

Diamond, Jared (2012) *Guns, Germs, and Steel: The Fates of Human Societies*, New York, NY: W.W. Norton & Company Inc, （倉骨彰訳，『銃・病原菌・鉄　上下』，草思社文庫，2012 年）．

Eggertsson, Gauti and Neil R. Mehrotra (2014) "A Model of Secular Stagnation," NBER Working Papers 20574, National Bureau of Economic Research, Inc.

Eggertsson, Gauti, Neil R. Mehrotra, and Jacob Robbins (2019) "A Model of Secular Stagnation: Theory and Quantitative Evaluation," *American Economic Journal: Macroeconomics*, Vol. 11, No. 1, pp.1–48.

Eichenbaum, Martin S., Sergio Rebelo, and Mathias Trabandt (2020) "The Macroeconomics of Epidemics," NBER Working Papers 26882, National Bureau of Economic Research, Inc.

Feenstra, Robert, C. (2016) *Advanced International Trade Theory and Evidence*, Princeton, NJ: Princeton University Press.

Fève, Patrick, Alban Moura, and Olivier Pierrard (2019) "Shadow banking and the Great Recession: Evidence from an estimated DSGE model," BCL working papers 125, Central Bank of Luxembourg.

Florida, Richard (2004) *Cities and the Creative Class*: Routledge, （小長谷一之訳，『クリエイティブ都市経済論—地域活性化の条件』，日本評論社，2010 年）．

——(2018) *The New Urban Crisis: How Our Cities Are Increasing Inequality, Deepening Segregation, and Failing the Middle Class-and What We Can Do About It*: Basic Books, reprint edition.

Friedman, George (2009) *The Next 100 Years: A Forecast for the 21st Century*, New York, NY: Anchor Books, (櫻井祐子訳, 『100 年予測』, 早川書房, 2014 年).

Fujita, Masahisa, Paul R. Krugman, and Anthony J. Venables (1999) *The Spatial Economy*, Cambridge, MA: MIT Press, (小出博之訳, 『空間経済学』, 東洋経済新報社, 2000 年).

Gordon, Robert, J. (2016) *The Rise and Fall of American Growth: The U.S. Standard of Living Since the Civil War*, Princeton, NJ: Princeton Univ Press, (高遠裕子・山岡由美訳, 『アメリカ経済成長の終焉上下』, 日経 BP 社, 2018 年).

Guvenen, Fatih, Raymond Mataloni, Dylan Rassier, and Kim Ruhl (2017) "Offshore Profit Shifting and Domestic Productivity Measurement," *NBER Work. Pap. 23324*, pp. 1-38.

Helpman, Elhanan (2004) *The Mystery of Economic Growth*: Harvard University Press, (大住圭介他訳, 『経済成長のミステリー』, 九州大学出版会, 2009 年).

Hollingsworth, Alex, Christopher J. Ruhm, and Kosali Simon (2017) "Macroeconomic conditions and opioid abuse," *J. Health Econ.*, Vol. 56, pp. 222-233.

Johnson, Robert and Guillermo Noguera (2016) "A Portrait of Trade in Value Added over Four Decades," NBER Working Papers 22974, National Bureau of Economic Research, Inc.

Jordà, Òscar, Sanjay R. Singh, and Alan M. Taylor (2020) "Longer-run Economic Consequences of Pandemics," NBER Working Papers 26934, National Bureau of Economic Research, Inc.

Jorgenson, Dale, Mun Ho, and Jon D. Samuels (2017) "Educational Attainment and the Revival of U.S. Economic Growth," in *Education, Skills, and Technical Change: Implications for Future U.S. GDP Growth*: National Bureau of Economic Research, Inc, pp. 23-60.

Kiyotaki, Nobuhiro and John Moore (1997) "Credit Cycles, "*Journal of Political Economy*, Vol. 105, No. 2, pp.211-248.

—— (2019) "Liquidity, Business Cycles, and Monetary Policy," *Journal of Political Economy*, Vol. 127, No. 6, pp. 2926-2966.

Kotler, Philip and Kevin Lane Keller (2006) *Marketing Management*, : Prentice-Hall, (恩藏直人 (監修)・月谷真紀 (翻訳) 訳, 『コトラー＆ケラーのマーケティング・マネジメント第 12 版』, 丸善出版, 2014 年).

Maddison, Angus (1991) *Dynamic Forces in Capital Development A LONG-RUN*

COMPARATIVE VIEW, New York, NY: Oxford University Press.

McGrath, Rita Gunther (2013) *The End of Competitive Advantage: How to Keep Your Strategy Moving as Fast as Your Business*, Jackson, TN: Harvard Business Review Press, (鬼澤忍訳, 『競争優位の終焉市場の変化に合わせて, 戦略を動かし続ける』, 日本経済新聞出版社, 2014年).

Mian, Atif and Amir Sufi (2015) *House of Debt: How They (and You) Caused the Great Recession, and How We Can Prevent It from Happening Again*, Chicago, OH: University of Chicago Press, (岩本千晴訳, 『ハウス・オブ・デット』, 東洋経済新報社, 2015年).

Milgrom, Paul and John Roberts (1992) *Economics, Organization and Management*: Prentice Hall, (奥野正寛・伊藤秀史・今井晴雄・西村理.・八木甫訳, 『組織の経済学』, NTT出版, 1997年).

Murphy, R. Taggart (2014) *Japan and the Shackles of the Past*: Oxford Univ Pr, (仲達志訳, 『日本：呪縛の構図：この国の過去, 現在, そして未来』, 早川書房).

Nager, Adams, David Hart, Stephen Ezell, and Robert Atkinson (2016) "The Demographics of Innovation in the United States," Information Technology & Innovation Foundation.

Obstfeld, Maurice and Alan Taylor (2005) *Global Capital Markets*: Cambridge University Press.

Pozsar, Zoltan (2011) "Institutional Cash Pools and the Triffin Dilemma of the U.S. Banking System," IMF Work-ing Papers 11/190, International Monetary Fund.

Pozsar, Zoltan, Tobias Adrian, Adam B. Ashcraft, and Hayley Boesky (2013) "Shadow banking," *Economic Policy Review*, No. Dec, pp. 1-16.

Reich, Robert B. (1999) *Saving Capitalism: For the Many, Not the Few*, New York, NY: Alfred A. Knopf, (今井章子訳, 『最後の資本主義』, 東洋経済新報社, 2016年).

Reinhart, Carmen M. and Kenneth Rogoff (2011) *This Time Is Different: Eight Centuries of Financial Folly*, Princeton, NJ: Princeton Univ Press, (村井章子訳, 『国家は破綻する: 金融危機の800年』, 日経BP社).

Reinhart, M. Carmen and S. Kenneth Rogoff (2009) *This Time Is Different: Eight Centuries of Financial Folly*, Princeton, NJ: Princeton University Press, (村井章子訳, 『国家は破綻する——金融危機の800年』, 日経BP社).

Romer, Paul (1990) "Endogenous Technological Change," *Journal of Political Economy*, Vol. 98, No. 5, pp. S71-102.

Tirole, Jean (2016) *Economie DU BIEN COMMUN*: Presses Universitaires de France,

（村井章子訳，『良き社会のための経済学』，日本経済新聞出版社）.

Wolf, Martin（2014）*The Shifts and the Shocks: What we've learned - and have still to learn - from the financial crisis*, London,UK: Penguin Press,（遠藤真美訳，『シフト＆ショック——次なる金融危機をいかに防ぐか』，早川書房，2015年）.

グレゴリー・クラーク（2009）『10万年の世界経済史　上下』日経BP（久保恵美子訳）。

トマ・ピケティ（2014）『21世紀の資本』，みすず書房，第初版.

パスカル・ボニファス・ユベール・ヴェドリーヌ（2016）『増補改訂版最新世界情勢地図』，ディスカヴァー・トゥエンティワン，（佐藤絵里訳）.

小黒一正（2014）『財政危機の深層 増税・年金・赤字国債を問う（NHK出版新書）』，NHK出版.

猿谷要（1991）『物語アメリカの歴史—超大国の行方』，中央公論社.

渋谷博史・前田高志（2006）『アメリカの州・地方財政』，アメリカの財政と福祉国家，日本経済評論社.

田渕直也（2012）『入門実践金融証券化のすべて』，日本実業出版社.

手塚治虫・猿谷要（2004）『漫画アメリカの歴史』，嶋中書店.

野口悠紀雄（2009）『アメリカ型成功者の物語: ゴールドラッシュとシリコンバレー』，新潮社.

──（2017）『世界史を創ったビジネスモデル（新潮選書）』，新潮社.

三谷宏治（2013）『経営戦略全史（ディスカヴァー・レボリューションズ）』，ディスカヴァー・トゥエンティワン.

索　引

A－Z

《著者紹介》

田端克至（たばた・かつし）

　　1959 年生まれ。
　　1984 年　高崎経済大学卒業。
　　1987 年　早稲田大学大学院 経済学研究科 修士課程修了。
　　2009 年　千葉大学大学院 社会文化科学研究科経済学博士取得。

　　1990 年〜1995 年　大和総研経済調査部　エコノミスト。
　　二松学舎大学国際政治経済学部教授等を経て，
　　2018 年 4 月から愛知大学経済学部教授。
　　2007 年〜2008 年　アジア開発銀行 CGIF 専門部会コンサルタント。

主著・論文

　　『アメリカ経済の反映は続くか』（共著）東洋経済新報社，2001 年。
　　『対外不均衡の経済学―米国経常収支赤字を読み解く―』（共著）欧米
　　　研究報告書，日本経済学研究センター，2006 年。
　　Remittance and Financial Depth in Asian Countries: Impact on
　　　Financial Sectors and Policy Implications（共同論文）フィリピン中
　　　銀招待コンファレンスペーパー，2009 年。
　　『現代の金融世界の中の日本』（共著）昭和堂，2009 年。
　　『不動産エコノミックス』（分担執筆）清文堂，2013 年。
　　Long-term stagnation and Japanese macro economy（共同論文）韓国
　　　金融学会発表論文，2016 年。
　　『マーケットを理解するための金融経済コース TEXT3』（共著）経済
　　　法令研究会，2017 年。

（検印省略）

2020 年 6 月 20 日　初版発行　　　　　　　　　略称－アメリカ

みんなが知りたいアメリカ経済

著　者　田　端　克　至
発行者　塚　田　尚　寛

発行所　東京都文京区　　**株式会社　創　成　社**
　　　　春日2‒13‒1

　　　　電　話 03（3868）3867　　F A X 03（5802）6802
　　　　出版部 03（3868）3857　　F A X 03（5802）6801
　　　　http://www.books-sosei.com　振　替 00150-9-191261

定価はカバーに表示してあります。

©2020 Katsushi Tabata　　　　組版：亜細亜印刷　印刷：亜細亜印刷
ISBN978-4-7944-3210 C3033　　製本：スリーエス
Printed in Japan　　　　　　　落丁・乱丁本はお取り替えいたします。

―――――――――― 経 済 学 選 書 ――――――――――

みんなが知りたいアメリカ経済	田 端 克 至	著	2,600 円
グローバル経済における空港のファイナンスと投資	アン・グラハム ピーター・モレル 木 谷 直 俊 塩 見 英 治	著 監訳	3,000 円
日本・台湾産業連携とイノベーション	佐土井 有 里	編著	3,000 円
環 境 経 済 学 入 門 講 義	浜 本 光 紹	著	1,900 円
環 境 学 へ の 誘 い	浜 本 光 紹 獨協大学環境 共 生 研 究 所	監修 編	3,000 円
地 域 発 展 の 経 済 政 策 ― 日 本 経 済 再 生 へ む け て ―	安 田 信之助	編著	3,200 円
マ ク ロ 経 済 分 析 ― ケ イ ン ズ の 経 済 学 ―	佐々木 浩 二	著	1,900 円
マ ク ロ 経 済 学	石 橋 春 男 関 谷 喜三郎	著	2,200 円
ミ ク ロ 経 済 学	関 谷 喜三郎	著	2,500 円
福 祉 の 総 合 政 策	駒 村 康 平	著	3,000 円
グローバル化時代の社会保障 ― 福 祉 領 域 に お け る 国 際 貢 献 ―	岡 伸 一	著	2,200 円
入 門 経 済 学	飯 田 幸 裕 岩 田 幸 訓	著	1,700 円
マクロ経済学のエッセンス	大 野 裕 之	著	2,000 円
国 際 公 共 経 済 学 ― 国 際 公 共 財 の 理 論 と 実 際 ―	飯 田 幸 裕 大 野 裕 之 寺 崎 克 志	著	2,000 円
国際経済学の基礎「100項目」	多和田 眞 近 藤 健 児	編著	2,500 円
ファーストステップ経済数学	近 藤 健 児	著	1,600 円
財 政 学	望 月 正 光 篠 原 正 博 栗 林 隆 半 谷 俊 彦	編著	3,100 円

(本体価格)

―――――――――― 創 成 社 ――――――――――